Eram Os Santos Astronautas? Uma Visão Transcendente Sobre A Exploração Do Universo

Rogerio Cietto

Published by Rogerio Cietto, 2024.

Eram os santos astronautas? – Uma visão transcendente sobre a exploração do Universo

Publicado por Rogerio Paiva Cietto no Draft2Digital

Ergam os olhos e olhem para as alturas.
Quem criou tudo isso?
Aquele que põe em marcha
cada estrela do seu exército celestial,
e a todas chama pelo nome.
Tão grande é o seu poder
e tão imensa a sua força,
que nenhuma delas deixa de comparecer!
Isaías 40, 26

ÍNDICE

1. INTRODUÇÃO

Cristão, qual é a sua esperança? Rezar para ganhar na loteria? Trabalhar duro para constituir e manter sua família? Esperar que o poder público resolva todos os seus problemas? Fugir das grandes cidades e morar no campo? Construir um abrigo subterrâneo e aguardar a destruição da humanidade? Se qualquer destas é a sua esperança, pode esperar sentado, porque sua esperança é vã e sem qualquer sentido.

Explico. Ou melhor, vou deixar a Palavra de Deus explicar a sua falta de esperança. "Como é feliz aquele cujo auxílio é o Deus de Jacó, cuja esperança está no Senhor, no seu Deus", Salmos 145 (146), 5. Você está colocando sua esperança nas coisas deste mundo, como o dinheiro, seu esforço individual, o progresso material, científico e tecnológico da humanidade. São dons de Deus para nós, mas perecem como a traça dele come e o ladrão dele some, e não trazem a verdadeira esperança.

Aprenda com os santos e santas da Igreja, que ajuntaram tesouros no céu e lá estão na eterna felicidade e união com Deus. Eles simplesmente seguiram o Divino Modelo de Nosso Senhor Jesus Cristo, Verdade Eterna, Caminho da Salvação e Vida Plena. Claro, cada um dos santos tinha um modo de vida diferente, eram casados ou celibatários, viviam na pobreza ou eram reis de grandes nações; tudo o que eles precisaram fazer foi viver bem o Evangelho, com simplicidade e fidelidade, desafiando a perseguição, as tentações e concupiscências que todos temos que enfrentar.

Desde o início da história da humanidade somos desafiados, e desde Adão e Eva descobrimos o preço de sairmos do caminho sugerido por Deus. Com nossos primeiros pais tudo era bom, já que havia sido criado por Deus como vemos no Gênesis. Mas com a redenção por Jesus Cristo encontramos um lugar ainda melhor, onde podemos ir se tivermos esperando com devoção e agindo de acordo.

Ocorre que o progresso científico e tecnológico, que vivenciamos a partir do final do século XX até os dias atuais, fez com que a grande maioria da humanidade acreditasse que era possível alcançar tudo de bom neste mundo com conhecimento suficiente e recursos para gastar neste sentido.

De fato, tivemos um progresso inimaginável na técnica e na ciência nos últimos cinquenta anos. As pessoas acreditavam que na nossa época teríamos a cura para todo tipo de doença, teletransporte, comida impressa (de qualidade) e o domínio completo sobre a natureza. Quem era fã de *Star Trek* deve lembrar da famosa frase:

"*Espaço, a fronteira final. Estas são as viagens da Nave Estelar Enterprise, em sua missão para exploração de novos mundos, buscar novas vidas e civilizações, indo aonde nenhum homem jamais esteve*".

Em termos práticos, a proposta é: vamos juntar um grupo de pessoas com alto grau de curiosidade, dispostas a largar suas famílias (ou levá-las para o espaço), a arriscarem suas vidas e passarem toda a sua existência vagando por aí, buscando o conhecimento. Esta era a esperança delas, buscar o conhecimento.

Agora compare esta motivação com o descrito por Pero Vaz de Caminha na primeira chegada de Portugal ao Brasil, na esquadra liderada por Pedro Álvares Cabral:

"*Contudo, o melhor fruto que dela se pode tirar parece-me que será* ***salvar esta gente****. E esta deve ser a principal semente que Vossa Alteza em ela deve lançar. E que não houvesse mais do que ter Vossa Alteza aqui esta pousada para essa navegação de Calicute bastava. Quanto mais, disposição para se nela cumprir e fazer o que Vossa Alteza tanto deseja, a saber, acrescentamento da nossa fé!*". (<http://www.dominiopublico.gov.br/download/texto/ua000283.pdf>)

As Grandes Navegações, de fato, renderam muito fruto, e não estou falando de ouro, pau-brasil ou especiarias. A fé católica chegou a toda a América graças a estes bravos pioneiros, que enfrentaram o desconhecido, doenças, indígenas canibais e animais silvestres. Perderam suas vidas, mas estavam buscando a vida eterna. Bom negócio.

Conhecemos a árvore pelos seus frutos (Lucas 6, 44), e se hoje temos São José de Anchieta, Santo Antonio de Sant'Anna Galvão, Santa Dulce dos Pobres, Beata Nhá Chica, Bem Aventurada Albertina Berkenbrock, Padre Cícero, Padre Leo e muitas almas piedosas que alcançaram a graça da união eterna com Deus, foi por esta grande empreitada no Novo Mundo.

Valeu a pena?

"*Tudo vale a pena*
Se a alma não é pequena.
Quem quer passar além do Bojador
Tem que passar além da dor.
Deus ao mar o perigo e o abismo deu,
Mas nele é que espelhou o céu."

Fernando Pessoa

É de se perguntar: que frutos a nossa exploração espacial vai proporcionar à humanidade, sem uma finalidade sobrenatural de salvar almas? Se encontrarmos vida inteligente em outros planetas, estamos indo até eles para quê?

Para obtermos conhecimento? Errado, caso um dia exista uma viagem interestelar já estaremos em tal nível de conhecimento que não haveria necessidade de aprender muita coisa com outras civilizações.

Para ensinarmos nosso conhecimento? Errado também, não há sentido em arriscar nossas vidas para propagar algo que poderia ser enviado por meio de um computador com uma tela grande, uma caixa de som potente e um sensor de acionamento automático.

Explorar novos mundos como um turismo espacial? Pode ser, mas quem vai arriscar sua vida em uma viagem de no mínimo quatro anos e meio, prazo muito otimista considerando que um dia seríamos capazes de viajar na velocidade da luz? Mesmo que seja com a tecnologia atual, e a viagem fosse restrita ao nosso sistema solar, valeria a pena passar seis meses de sua vida apenas para chegar até o planeta mais próximo?

Nenhuma dessas opções me parece muito atraente, porque não é algo que engrandece a alma. Este foi o motivo das navegações, e se não for com uma intenção sobrenatural de salvar almas... infelizmente todo este esforço para alcançar o espaço não tem valor algum em termos espirituais.

Claro que você vai dizer: os navegadores não sabiam o que iriam encontrar! É verdade. Mas de todo jeito a intenção era de salvar as próprias almas, cumprindo a ordem que Nosso Senhor deixou bem clara antes de sua ascensão: "*Ide pelo mundo e anunciai o Evangelho a toda criatura*" Marcos 16, 15.

Os desbravadores portugueses não queriam nem obter conhecimento, tampouco tinham a arrogância de pensar que estavam indo ensinar as coisas a outros povos menos evoluídos. A intenção era ANUNCIAR AS VERDADES ETERNAS, não o desenvolvimento científico e tecnológico.

Ora, então quer dizer que você defende que existam vidas em outros planetas, e que vamos até lá para evangelizá-las? Preste atenção: Não tenho a menor ideia se existe vida em outros planetas ou não, nem que esta vida é inteligente o suficiente para receber a boa nova da Palavra de Deus, ou seja, possuidora de uma alma imortal. Entretanto, preciso abordar este assunto como hipóteses, e nada mais do que isso.

Nesta humilde obra teremos muitas citações bíblicas e também científicas, portanto se você preferir aprofundar nos assuntos teológicos e tecnológicos, fique à vontade para pausar a leitura, confirmar (ou eventualmente refutar) as informações que estou compartilhando, e retornar a sua leitura.

Mas que fique claro: a visão católica de assuntos como viagens espaciais e vida em outros planetas precisa estar de acordo com a doutrina cristã, o magistério da Igreja e, sem dúvida, a Palavra de Deus. Nas palavras de São João Paulo II:

"A fé e a razão (fides et ratio) constituem como que as duas asas pelas quais o espírito humano se eleva para a contemplação da verdade" (Encíclica *Fides et Ratio*).

A fé sem a razão é credulidade cega, típica dos pagãos. A razão sem a fé é ceticismo imanente, típico dos ateus. Meu compromisso, longe destes dois erros, é com a verdade, pelo menos com o que Deus permitiu ser revelada ao ser humano até o momento.

Peço apenas que você leia até o final com o coração e a mente abertos, mesmo que eventualmente não concorde com tudo o que está escrito. No final certamente você perceberá o raciocínio e poderá tirar melhor suas conclusões.

2. A ASCENSÃO DE JESUS E A ASSUNÇÃO DE MARIA

"Depois do seu sofrimento, Jesus apresentou-se a eles e deu-lhes muitas ***provas indiscutíveis de que estava vivo.*** *Apareceu-lhes por um período de quarenta dias falando-lhes acerca do Reino de Deus. Certa ocasião, enquanto comia com eles, deu-lhes esta ordem: "Não saiam de Jerusalém, mas esperem pela promessa de meu Pai, da qual falei a vocês. Pois João batizou com água, mas dentro de poucos dias vocês serão batizados com o Espírito Santo". Então os que estavam reunidos lhe perguntaram: "Senhor, é neste tempo que vais restaurar o reino a Israel?" Ele lhes respondeu: "Não compete a vocês saber os tempos ou as datas que o Pai estabeleceu pela sua própria autoridade. Mas receberão poder quando o Espírito Santo descer sobre vocês, e serão minhas testemunhas em Jerusalém, em toda a Judeia e Samaria, e até os confins da terra". Tendo dito isso,* ***foi elevado às alturas enquanto eles olhavam,*** *e uma nuvem o encobriu da vista deles. E eles ficaram com os olhos fixos no céu enquanto ele subia. De repente surgiram diante deles* ***dois homens vestidos de branco,*** *que lhes disseram: "Galileus, por que vocês estão olhando para o céu? Este mesmo Jesus, que dentre vocês foi elevado aos céus, voltará da mesma forma como o viram subir".* Atos dos Apóstolos 1, 3-11.

Todo cristão, independente até da denominação, conhece bem esta passagem: após a Paixão e Ressurreição Nosso Senhor aparece aos discípulos com as instruções finais: Eu vou, mas mandarei o Espírito Santo para guiar a cada um no seu apostolado, testemunhando com a vida e com palavras tudo aquilo que Jesus nos ensinou.

A partir daí já se percebe que todo o progresso humano nas ciências (letra minúscula) foi obra do Espírito Santo e o Dom de Ciência (letra maiúscula), que instigou as mentes e corações de muitos cientistas e estudiosos sobre nossa existência, desde o modelo do átomo até o movimento dos buracos negros.

Não há conhecimento científico sem a inspiração divina, e quanto mais próximos estamos vivendo as verdades eternas, na imitação de nosso Senhor e Salvador, mais conhecemos as verdades deste mundo.

Quero chamar a atenção para dois trechos específicos desta passagem. Nos versículos 9 a 11 (em negrito) está claro que Jesus subiu aos céus em corpo e espírito, e lá permanece até hoje, de acordo com os dois anjos (homens vestidos de branco é um eufemismo para facilitar a compreensão).

Entenda a profundidade deste texto: o corpo de Jesus está na morada eterna com o Pai, intacto e bem vivo. Se não fosse assim, não teria sentido elevar o corpo santo de Nosso Senhor até o espaço, apenas para ele virar poeira cósmica em seguida.

As próprias palavras de Jesus vêm confirmar esta realidade *"Na casa de meu Pai há muitas moradas; se não fosse assim, eu teria dito a vocês. Vou preparar lugar para vocês."* João 14, 2. Ou seja, tem um lugar lá em cima, esperando por nós, sendo construído de acordo com nossa fé (versículo 1) e com nossas obras (versículo 12).

Contemplamos esta verdade eterna no Credo ("*subiu aos céus e está sentado à direita do Pai*") e no segundo mistério glorioso do Santo Rosário (A Ascensão de Jesus Cristo). Faz mais de dois mil anos que ateus e fariseus de todo canto estão procurando o corpo de Jesus Cristo para tentar provar que a fé cristã é uma farsa, de que Cristo não é Deus.

Se este é o seu caso, pode parar de ler este livro e ir lá procurar. Todos os que tentaram de verdade voltaram com a fé ainda mais fortalecida. Ademais, a remissão dos nossos pecados ocorreu com o sacrifício do Cordeiro Pascal, e a ressurreição foi apenas a comprovação de que tudo estava se cumprindo de acordo com as Escrituras Sagradas, pelos profetas Isaías e Jeremias, por exemplo. Mais de 300 profecias cumpridas através da mesma pessoa, uma probabilidade de 1 em 10^{170} (10 seguido de 170 zeros).

Da mesma forma, o corpo imaculado de Nossa Senhora também está ocupando um lugar especial na morada eterna. Aquela que nasceu sem pecado, viveu sem pecado e morreu sem pecado, não teria lugar compatível neste mundo corrupto. Esta verdade eterna nós contemplamos no quarto mistério glorioso do Santo Rosário, por ser dogma da Igreja e do qual não cabe mais discussão.

São Tomé, o mesmo que duvidou da Ressurreição de Cristo até enfiar o dedo nas Suas Chagas, também foi o único apóstolo que não viu e não acreditou na Assunção de Nossa Senhora aos céus, mas que depois abriu o sepulcro de Nossa Senhora e encontrou apenas lírios e rosas, e Nossa Mãe Santíssima apareceu a Tomé do céu e lhe presenteou com seu cinto maternal. (https://padrepauloricardo.org/blog/a-reliquia-do-cinto-de-nossa-senhora).

Podem ser encontradas relíquias que comprovam a existência destes milagres, mas para quem não quer acreditar nem todas as provas do mundo são suficientes.

Entretanto, para quem quer acreditar, mas não se deixa enganar por qualquer sopro de falsa doutrina, pode-se concluir que Nosso Senhor e Nossa Senhora estão em um lugar, esperando por nós. Nossa Senhora vem inclusive nos chamar para esta grande festa da felicidade eterna com Deus, como em La Salette, Lourdes, Fátima, Akita, Quibeho... (pode ter certeza de que ela não veio para cá para fazer turismo). Agora vamos ver alguns que definitivamente conseguiram chegar lá.

3. MILAGRES DOS CORPOS INCORRUPTOS

A realidade dos corpos incorruptos de Nosso Senhor Jesus Cristo e de Nossa Mãe Santíssima é, por um lado, dogma da Igreja Católica e tema do qual não cabe discussão ou opinião contrária. Quem não tinha qualquer pecado, já que nasceu sem a mancha do pecado original, não sofreria com a corrupção da carne, que atinge todo corpo humano pela herança espiritual que recebemos de Adão e Eva.

Dessa forma, além de Nosso Senhor e Nossa Senhora terem subido aos céus, como explicado no capítulo anterior, eles ainda estão lá, inteirinhos, porque não podem ter sofrido qualquer influência do pecado de nossos primeiros pais. Do contrário, não faria o menor sentido enviar um corpo santo para o mais alto dos céus, se ao chegar ao destino ele começasse a apodrecer.

No entanto, como provar para os mais céticos que os corpos de Jesus e de Maria não sofreram decomposição ou deterioração por agentes químicos e biológicos? No caso podemos fazer uma prova indireta, a partir de pessoas que viveram neste mundo com odor de santidade tal, que seus corpos (ou uma parte específica deles) continuam inteiros mesmo depois de muitos anos da morte, e mesmo após terem sido expostos a diversas intempéries.

Alguns detalhes importantes sobre a santidade: primeiro, muitas pessoas morreram em odor de santidade, por terem vivido alguma virtude de maneira heroica, mas não necessariamente tinham fama de santidade durante suas vidas ou logo após a morte. O verdadeiro progresso espiritual é interior, e o exterior é consequência, segundo São Maximiliano Maria Kolbe, mártir moderno.

Segundo, quando a Igreja Católica reconhece que uma pessoa é um santo, é porque a vida e os milagres realizados através dela foram devidamente verificados, estudados por cientistas, o processo de beatificação e posterior canonização passa pela Congregação para a Causa dos Santos, para autenticar a santidade daquele indivíduo.

Portanto, podem de fato existir muitos santos no céu que a Igreja não reconhece oficialmente, porque quem viveu bem a santidade passou a vida amando a Deus sobre todas as coisas, sem precisar colocar sua caridade ou qualquer boa ação em mídia social. Viveu exatamente o que Jesus pediu: faça as boas obras em segredo, e o Pai do Céu lhe dará a devida recompensa. Que a sua mão direita não saiba o que faz a minha mão esquerda (Mateus 6, 3).

Entretanto, aqueles que passaram pelo crivo e foram reconhecidamente alçados à glória dos altares são de fato santos, no sentido estrito do termo. Pode confiar, porque a autoridade da Igreja ao fazer tal declaração tem como base o próprio Espírito Santo de Deus, que jamais vai abandonar a Pedro e seus sucessores (Mateus 16, 18).

Sem dúvida, temos muitos tipos de santos, em toda a história da humanidade. Mesmo sofrendo com o pecado original e as concupiscências, eles souberam fazer de si mesmos uma perfeita adequação à vontade de Deus, amando a Deus sobre todas as coisas e amando ao próximo como Cristo nos amou.

Ocorre que alguns santos receberam um dom extraordinário de Deus, que reflete justamente o que estamos falando, sobre dificultar a ação da natureza naquele amontoado de células de se desmancharem e o corpo não se tornar um monte de poeira. Escapando (ainda que em parte) de toda a tendência do Universo para a entropia (desagregação da matéria), é o milagre dos corpos incorruptos.

Existem muitas ideias falsas sobre este tipo de milagre, portanto cabe fazer de logo uma afirmação importante: para configurar o milagre do corpo incorrupto não é necessário que o cadáver esteja completamente preservado, mas que apresente sinais de conservação muito fora do normal, mesmo após ter sido aberto o túmulo do santo, e não ter passado por nenhum processo de preservação artificial, como o embalsamento.

Assim, um corpo mantido no vácuo por centenas de anos naturalmente estaria preservado, mas no momento da sua abertura e exposição ele se decomporia rapidamente. Não é milagre, já que não tem nada de sobrenatural nisso. Ambientes muito secos e frios também são propícios à preservação natural dos corpos.

Alguns exemplos de santos cujos corpos foram considerados incorruptos:

- Bernardette Soubirous, a vidente francesa da famosa aparição de Nossa Senhora da Imaculada Conceição, em Lourdes;

- Catarina Labouré, mais uma vidente francesa, da famosa aparição de Nossa Senhora das Graças da Medalha Milagrosa, na Rue do Bac, Paris;

- Padre Pio de Pietrelcina, o frade capuchino com inúmeros prodígios como bilocação, diálogo com os anjos da guarda, xenolalia (ele falava um dialeto da Itália e as pessoas entendiam inglês, francês, etc), recebeu os estigmas de Cristo e operou curas inexplicáveis para a medicina até hoje;

- Santa Zita de Lucca, padroeira das empregadas domésticas, cujo corpo foi encontrado intacto trezentos anos após sua morte, e que mesmo depois de exposto ainda mantém os órgãos internos, inclusive os pulmões gravemente afetados pela fuligem de seu local de trabalho;

- São João Maria Vianney, o Cura D'Ars, herói dos confessionários, que adquiriu esta fama por ficar até 18 horas atendendo os penitentes;

- São Charbel Makhlouf, um monge do Líbano que continuou vertendo sangue do seu corpo mesmo após cinquenta anos de sua morte.

Existe também a hipótese dos corpos incorruptos de São José, pai nutrício de Jesus, e de São João Batista, purificado no ventre de Santa Isabel quando da visita de Nossa Senhora logo após a anunciação do anjo Gabriel. No entanto, não existem documentos oficiais a respeito destes casos.

Pode-se apenas conjecturar que, sendo possível encontrar os restos mortais de quase todos os apóstolos (que morreram na mesma época destes dois santos), seria também possível encontrar os restos mortais de João Batista e de José, se eles tivessem se corrompido. Mas que fique claro que é apenas uma hipótese!

Outros santos tiveram apenas parte de seus corpos consideradas incorruptas, como:

- o coração de São Vicente de Paulo, o homem que viveu a caridade e o amor aos pobres de maneira heroica (também está lá na Rue du Bac);

- a mão esquerda de Santa Tereza de Ávila, doutora da Igreja, que escreveu, entre outros, O Livro da Vida e Castelo Interior;

- a língua de Santo Antônio de Pádua, cuja pregação fez até os peixes e os pássaros pararem para prestar atenção no anúncio do Evangelho.

Se estes santos tiveram seus corpos mantidos intactos, é um sinal de que viveram uma vida santa, e no momento da ressurreição dos mortos (quando da segunda vinda de Jesus), eles já estarão em vias de habitarem seus corpos novamente. Note bem: NÃO É REENCARNAÇÃO, quando um corpo foi designado para uma alma ele somente habita nela.

Se mesmo com a corrupção do pecado original estes corpos (ou parte deles) conseguiram se manter bem preservados, imagine os corpos gloriosos de Jesus Cristo, o Verbo de Deus feito Carne e de Maria Imaculada, cujas graças são maiores do que a de todos os anjos e santos. Juntos.

É o suficiente para você acreditar na ressurreição dos mortos? Vamos voltar neste tema daqui a pouco.

4. PRODÍGIO DA EXALTAÇÃO DO ESPÍRITO

O que é gravidade? Tão conhecida no nosso quotidiano que a gente nem se lembra dela, a força da gravidade consiste de uma força de atração sobre corpos, formando um campo gravitacional.

A gravidade é uma das quatro forças fundamentais existentes na natureza. As outras são a força de interação eletromagnética, a força nuclear fraca e a força nuclear forte. Essa força é responsável por definir o peso de um corpo, vetor vertical e para baixo que impedem as pessoas e coisas de voarem pra fora do planeta pela rotação da Terra.

Podemos verificar e comparar a gravidade apenas entre planetas e corpos celestes, como a Lua, o Sol, planetas, seus satélites e estrelas, já que nem mesmo a pessoa mais obesa do planeta não vai conseguir atrair nem um inseto para sua órbita pessoal. Gravidade é para os grandes apenas.

A Terra tem massa de apenas $5,9 \times 10^{24}$ kg, o que já é mais que suficiente para fazer seus pés grudarem no chão. O Sol, por exemplo, pesa aproximadamente $1,98 \times 10^{33}$ kg (são trinta e três zeros), e nem é dos maiores do nosso universo conhecido, mas consegue manter diversos planetinhas ao seu redor.

Ocorre que a gravidade é a única força da qual a ciência e a tecnologia ainda não tem o menor domínio, sabe apenas observar e calcular, baseado na massa e na distância entre os corpos. Compare: o magnetismo e as suas implicações (eletromagnetismo) é usado à vontade em toda luminária e aparelho doméstico; a força nuclear forte é manipulada pela fissão e fusão atômica, com aplicações médicas e militares, e muitas outras; já a força nuclear fraca é mais pacífica e fácil de usar, pois com o decaimento de partículas aproveitamos a radiação para diversos fins.

Claro que você pode pensar: os balões, foguetes espaciais e os satélites artificiais dominam a gravidade. Negativo! Nenhum destes consegue gerar uma força anti-gravidade, apenas uma força cinética contrária que anula os efeitos da gravidade. Os satélites geoestacionários, por exemplo, estão sempre em movimento em paralelo ao globo terrestre, para gerar uma força centrífuga (cinética) para fora da Terra, de forma que contrabalance a gravidade, que teima em continuar funcionando.

Pois toda esta explicação científica foi necessária para entender o milagre conhecido como EXALTAÇÃO DO ESPÍRITO. Neste evento extraordinário a conexão do santo com Deus é tão intensa que eles pairam no ar, como se fossem um balão ou um helicóptero, mas sem qualquer explicação científica para o fenômeno.

Note bem: o santo que experimenta este milagre não fica mais leve do que o ar, como uma bexiga de gás hélio. Nem mesmo sofre os efeitos da força aerodinâmica, que faz com que objetos mais pesados do que o ar voem através da diferença de pressão em suas asas ou hélices. Não há força motriz de um lançamento massivo de gases, como num rojão ou foguete, que impulsione o santo em uma determinada direção. Pode preencher todo o estômago de um ser humano com gás metano (comendo bastante batata doce, repolho, feijão, etc) que ele não vai conseguir levantar-se no ar, e mesmo a combustão destes gases não faria a pessoa subir um milímetro do chão.

É sabido que um grande número de santos levitou, entre eles Santa Teresa d'Ávila, Padre Pio, São Martinho de Porres, São Francisco de Assis, Santo Antônio de Pádua, São Felipe Néri, Santo Afonso de Ligório e o mais famoso neste quesito, São José de Cupertino, padroeiro dos aviadores e dos astronautas. Este último tinha tanta exaltação do espírito que seus companheiros precisavam amarrar uma corda na sua cintura durante as procissões com o Santíssimo Sacramento, para evitar que ele se perdesse pelos ares.

G. K. Chesterton dizia que "os anjos podem voar porque não se levam muito a sério (literalmente, levam a vida de maneira leve)". O mesmo pode ser dito de São José de Cupertino. Ele não se levava muito a sério; era humilde, por isso não pesava tanto; desafiava a gravidade porque era leve; levitava graças à sua leveza de espírito.

Claro que este fenômeno não é isolado: todos estes santos tinham uma extraordinária vida espiritual e ascética, experiências místicas, revelações divinas, mas o mais importante era uma profunda intimidade com Deus e um desapego completo, irrestrito e irrevogável das coisas deste mundo.

Sem dúvida o homem moderno confia muito mais em um *drone* capaz de suportar seu peso e transportá-lo para qualquer lugar que queira do que neste tipo de milagre. Esta pessoa infelizmente não acredita em milagre nenhum, e se você se enquadrou neste perfil não te interessa ler este livro. Espero que você tenha um encontro pessoal com Deus um dia, e que este encontro ocorra em circunstâncias favoráveis (o que nem sempre é o caso).

Milagres existem, não precisamos de fé para que eles ocorram, mas para vê-los e compreendermos que a mão de Deus está nitidamente agindo naquele momento (Ele sempre está agindo nas nossas vidas, mas na grande maioria das vezes Nosso Senhor é discreto e faz o milagre sem a gente perceber).

Da mesma forma que alguns santos experimentaram este fenômeno preternatural, as pessoas possuídas por espíritos malignos também sofrem diversos eventos inexplicáveis, como subir pelas paredes, força além do que o ser humano é capaz, e até mesmo falar línguas estrangeiras sem nunca ter estudado. O mundo espiritual está à sua volta, basta você sintonizar sua alma e seu espírito.

Muitas pessoas têm dificuldade em acreditar nestes tipos de fenômeno descrito na vida de alguns santos, mas não veem nenhum óbice em acreditar que civilizações avançadas conseguem abduzir as pessoas para dentro de espaçonaves, conversar com elas e até dar algumas dicas de saúde, bem estar e até investimentos financeiros. São os que se intitulam "espirituais mas não religiosos".

Para estes tenho um conselho evangélico muito simples: "Conhecereis a verdade, e a verdade vos libertará" (João 8, 32). Apenas a verdade eterna nos liberta das falsas doutrinas e pseudorreligiões. O homem moderno quer mudar o mundo para não precisar mudar a si mesmo. O santo, ao contrário, está pouco se lixando para o mundo, o que ele quer é acumular os tesouros do céu (Mateus 6,19), ou seja, bens espirituais que excedem em muito o mero conhecimento científico ou progresso material.

Pois deve ter sido isso que estes santos fizeram: imitaram a Cristo de tal forma, com tanta perfeição e humildade, com tamanha alegria e leveza de espírito mesmo nas circunstâncias mais desfavoráveis, que entraram em sintonia com Ele e se desapegaram deste mundo, a tal ponto que entregaram sua alma ao Eterno e se deixaram atrair por Ele.

Esta força, que nos atrai para Deus, até o momento é a única que conseguiu anular a força da gravidade, fato que nenhum aparelho ou técnica foi capaz até hoje, e provavelmente nunca será. Esta é a força que nos leva para o céu, para a morada eterna que Jesus Cristo tem para nós.

Esse é o caminho, o meio de chegar no céu. E então, você quer ir para lá ou não?

5. O CÉU É UM LUGAR OU UM ESTADO DA ALMA?

Este tema exige uma análise profunda e fundamental para crescer na fé, trilhado na teologia católica, abordando não apenas a natureza do céu como destino final dos fiéis, mas também a experiência espiritual e a transformação da alma. Este capítulo explora as perspectivas católicas sobre essa questão, baseando-se na doutrina, na Escritura e na tradição da Igreja.

Para a Igreja Católica, o céu é descrito como o estado definitivo de felicidade perfeita, comunhão plena com Deus e realização completa do ser humano. É um estado de existência eterna onde os justos desfrutam da presença de Deus em sua plenitude. Este conceito transcende a mera ideia de um lugar físico e entra no âmbito de uma realidade espiritual e transcendente.

A visão católica tradicional não se limita a considerar o céu como um local físico no espaço, mas enfatiza sua natureza espiritual e sobrenatural. Segundo o Catecismo da Igreja Católica (número 1024), "o céu é a bem-aventurada comunhão de vida e de amor com a Santíssima Trindade, com a Virgem Maria, os anjos e todos os bem-aventurados". Isso sugere que o céu é mais do que um simples espaço geográfico, mas uma realidade espiritual onde a presença de Deus é plenamente manifestada e experimentada.

A base da compreensão católica do céu encontra-se na Sagrada Escritura, especialmente nos ensinamentos de Jesus Cristo. Em João 14, 2 a 3, Jesus promete aos seus discípulos que vai preparar lugares para eles na casa do Pai, indicando a ideia de um lugar preparado para aqueles que O seguem fielmente. Além disso, passagens como Apocalipse 21 descrevem vividamente uma nova Jerusalém celestial, adornada como uma noiva preparada para seu esposo, que simboliza a união perfeita entre Deus e seu povo.

Embora o céu seja concebido como um estado de comunhão com Deus, a tradição católica também enfatiza que essa comunhão implica uma transformação profunda da alma. Não se trata apenas de estar em um local, mas de uma plenitude de vida em Deus que transcende completamente as limitações terrenas. Essa transformação envolve a purificação da alma no purgatório, para aqueles que necessitam, e a entrada na presença divina de forma completa e imortal.

Portanto, para a fé católica, o céu não é apenas e tão-somente um lugar físico, mas um estado de comunhão plena com Deus, experienciado pela alma dos justos após a morte. É uma realidade espiritual onde a felicidade eterna e a presença divina são experimentadas de maneira completa e transformadora. Esta compreensão não apenas consola os fiéis diante da mortalidade, mas também inspira uma vida de fé, esperança e caridade, na busca pela santidade que culmina na plenitude da vida eterna no céu.

Pelo que já foi exposto nos capítulos anteriores ficou claro que o lugar chamado Céu, Morada Eterna, Glória Celestial, Vida Eterna, é um lugar, que ocupa uma região específica na existência. É também um estado de comunhão com Deus, mas além disso é um espaço físico, que muitas pessoas alcançam, os santos de Deus.

Antes de mais nada, é preciso lembrar que o céu tem a ver com corpos, os quais são inegavelmente materiais. Ora, sendo materiais têm a ver com espaço. Portanto, não é possível descartar totalmente a afirmação de que o céu não é um lugar. O homem é uma criatura de Deus, constituída de corpo e alma. Assim, sendo o céu a comunhão de Deus com o homem, não é possível excluir o seu corpo.

A comunhão entre Deus e o homem existe desde agora, na pessoa de Jesus Cristo, cujo corpo foi ressuscitado e transformado, conforme se vê no Evangelho de São Lucas:

"Enquanto ainda falavam dessas coisas, Jesus apresentou-se no meio deles e disse-lhes: A paz esteja convosco! Perturbados e espantados, pensaram estar vendo um espírito. Mas Ele lhes disse: Por que estais perturbados, e por

que essas dúvidas nos vossos corações? Vede minhas mãos e meus pés, sou eu mesmo; apalpai e vede: um espírito não tem carne nem ossos, como vedes que tenho. E, dizendo isso, mostrou-lhes as mãos e os pés. Mas, vacilando eles ainda e estando transportados de alegria, perguntou: Tendes aqui alguma coisa para comer? Então ofereceram-lhe um pedaço de peixe assado. Ele tomou e comeu à vista deles." (Lucas 24, 36-43)

No céu, além do corpo de Nosso Senhor Jesus Cristo, está também o corpo de sua Mãe Santíssima. Sim, ela foi elevada à glória celestial de corpo e alma, conforme se vê na Constituição Apostólica do Papa Pio XII, *Munificentissimus Deus*, que justamente definiu o dogma da assunção em corpo e alma ao céu, que diz:

"44. "Pelo que, depois de termos dirigido a Deus repetidas súplicas, e de termos invocado a paz do Espírito de verdade, para glória de Deus onipotente que à virgem Maria concedeu a sua especial benevolência, para honra do seu Filho, Rei imortal dos séculos e triunfador do pecado e da morte, para aumento da glória da sua augusta mãe, e para gozo e júbilo de toda a Igreja, com a autoridade de nosso Senhor Jesus Cristo, dos bem-aventurados apóstolos São Pedro e São Paulo e com a nossa, pronunciamos, declaramos e definimos ser dogma divinamente revelado que: a Imaculada Mãe de Deus, a sempre virgem Maria, terminado o curso da vida terrestre, foi assunta em corpo e alma à glória celestial"."

No final dos tempos toda a criação - transformada - estará unida com Deus. Isto afirma o Catecismo da Igreja Católica, em seu número 1060:

"*No final dos tempos, o Reino de Deus chegará à sua plenitude. Então, os justos reinarão com Cristo para sempre, glorificador em corpo e alma e o próprio universo material será transformado. Então Deus será 'tudo em todos', na Vida Eterna.*"

O Catecismo também apresenta, a partir do número 1042 até o 1050, o conceito da **palingenesia**, ou seja, da nova geração do universo, que São Pedro descreve "os novos céus e a nova terra" (2 Pe 3, 13). Existe uma relação entre a felicidade eterna do homem e o universo. Deus criou o homem do barro, soprou sobre ele o seu Espírito, mandou que se multiplicasse e dominasse a terra:

"Então Deus disse: "Façamos o homem à nossa imagem e semelhança. Que ele reine sobre os peixes do mar, sobre as aves dos céus, sobre os animais domésticos e sobre toda a terra, e sobre todos os répteis que se arrastem sobre a terra." Deus criou o homem à sua imagem; criou-o à imagem de Deus, criou o homem e a mulher. Deus os abençoou: "Frutificai, disse ele, e multiplicai-vos, enchei a terra e submetei-a. Dominai sobre os peixes do mar, sobre as aves dos céus e sobre todos os animais que se arrastam sobre a terra." Deus disse: "Eis que eu vos dou toda a erva que dá semente sobre a terra, e todas as árvores frutíferas que contêm em si mesmas a sua semente, para que vos sirvam de alimento." (Gênesis 1, 26-29)

Assim, o mundo é do homem, que o deve dominar, segundo a vontade de Deus. Isso não quer dizer, em absoluto, que o homem possa destruir a natureza, porque Deus é o Criador de tudo e, por respeito a Ele, não é possível macular aquilo que Ele fez. Porém, a relação entre Deus e o homem foi perturbada pelo pecado. O mesmo livro sagrado esclarece de maneira metafórica a ruptura ocorrida:

"E disse em seguida ao homem: "Porque ouviste a voz de tua mulher e comeste do fruto da árvore que eu te havia proibido comer, maldita seja a terra por tua causa. Tirarás dela com trabalhos penosos o teu sustento todos os dias de tua vida. Ela te produzirá espinhos e abrolhos, e tu comerás a erva da terra. Comerás o teu pão com o suor do teu rosto, até que voltes à terra de que foste tirado; porque és pó, e pó te hás de tornar." (Gênesis 3,17-19)

A harmonia entre o ser humano e o cosmos foi perturbada pelo pecado. Ora, Jesus é o Redentor e veio para redimir este tropeço. Por isso, São Paulo diz aos Romanos:

"Tenho para mim que os sofrimentos da presente vida não têm proporção alguma com a glória futura que nos deve ser manifestada. Por isso, a criação aguarda ansiosamente a manifestação dos filhos de Deus. Pois a criação foi sujeita à vaidade (não voluntariamente, mas por vontade daquele que a sujeitou), todavia com a esperança de ser também ela

libertada do cativeiro da corrupção, para participar da gloriosa liberdade dos filhos de Deus. Pois sabemos que toda a criação geme e sofre como que dores de parto até o presente dia. Não só ela, mas também nós, que temos as primícias do Espírito, gememos em nós mesmos, aguardando a adoção, a redenção do nosso corpo." (Romanos 8, 18-23)

Haverá, portanto, 'novos céus e nova terra' (cf. 2 Pd 3,13) e, assim, não se pode dizer que o céu - comunhão plena e perfeita com Deus - será algo completamente fora das noções de espaço e lugar. Contudo, por tratar-se de uma regeneração, de uma transfiguração do universo, significa que o conceito de lugar e de espaço, embora tenha a ver com esse novo mundo, não expressa plenamente o que ele será. Trata-se de um mistério.

Após a ressurreição, Jesus entrava e saía de lugares, atravessava portas, comia e bebia, conforme se lê no relato já mencionado do Evangelho de Lucas, portanto, era uma presença, um corpo transformado, diferente da realidade humana. O Cardeal Ratzinger, em seu Manual de Escatologia – Morte e Vida Eterna, diz: "*Ao céu não se pode dar uma definição topográfica nem pode ser colocado dentro ou fora de nossa estrutura de espaço. No entanto, ele não pode nem mesmo ser separado tentando fazer dele simplesmente um estado, uma situação, não pode ser totalmente separado do conjunto do cosmos. Na realidade, estamos falando aqui de um poder universal que compete ao novo 'espaço do corpo de Cristo', o espaço da comunhão dos santos.*"

Haverá um novo espaço, um novo conceito de lugar, do qual não se tem experiência, portanto, dizer simplesmente que não há tal lugar é inexato, da mesma forma que dizer que há um lugar já experimentado também o é. Diante do mistério a reflexão teológica pode ajudar, porém, para entender realmente o que é o céu é preciso recorrer à comunhão com Deus, com o Corpo de Cristo. Como isso se dará não é possível precisar, mas já se pode experimentar misteriosamente aqui na Terra por meio do sacramento da Eucaristia.

A comunhão eucarística permite uma experiência de um novo conceito de espaço, pois em cada hóstia Cristo está presente como um todo, em cada fragmento é Ele totalmente, porque não se trata de uma presença espacial, mas de uma presença substancial. E assim, toca a cada um de maneira espiritual, mas também de forma física.

Na Eucaristia começa a experiência do novo lugar que é o céu e da nova terra, um novo espaço, um novo cosmos. No Pão e no Vinho eucarísticos tem-se o cosmos transformado onde o Cristo, já é agora, o tudo em todos.

6. O QUE PODEMOS AFIRMAR SOBRE A RESSURREIÇÃO DOS MORTOS?

A ressurreição dos mortos é um dos pilares centrais da fé católica, refletindo uma esperança profunda na vida após a morte e na promessa de Deus de restaurar e renovar todas as coisas no final dos tempos. Neste capítulo vamos explorar o significado, a base bíblica e a crença da Igreja Católica na ressurreição dos mortos.

Para os católicos, a ressurreição dos mortos não é apenas um conceito teológico abstrato, mas uma realidade fundamental que sustenta sua esperança e fé. Refere-se à crença de que no fim dos tempos, todos os que morreram serão ressuscitados com corpos transformados e glorificados. Isso significa que não se trata simplesmente de voltar à vida terrena como era antes da morte, mas de ser renovado em uma forma gloriosa e eterna, conforme descrito em 1º Coríntios 15, 42-44.

A base da crença católica na ressurreição dos mortos está firmemente enraizada na Sagrada Escritura. Jesus Cristo, o Filho de Deus, ressuscitou dos mortos como o primeiro dos ressuscitados, inaugurando assim a nova vida para todos aqueles que Nele creem. Sua própria ressurreição é testemunhada nos evangelhos e é a pedra angular da fé cristã. São Paulo, em suas cartas, também explica detalhadamente a natureza da ressurreição e seu significado para os fiéis.

Além disso, várias passagens do Antigo Testamento também prefiguram a ressurreição dos mortos, como as visões dos profetas Ezequiel (Ez 37) e Daniel (Dn 12), que falam da restauração de Israel e da vida eterna.

A Igreja Católica ensina que todos os seres humanos ressuscitarão no último dia, quando Cristo retornar em glória. Esta doutrina está incluída no Credo Nicenoconstantinopolitano, que muitos católicos professam regularmente durante a liturgia. O Catecismo da Igreja Católica também ensina que a ressurreição dos mortos é um evento real e está intimamente ligada à justiça divina e à plenitude do Reino de Deus.

A crença na ressurreição dos mortos tem implicações significativas para a vida dos católicos aqui e agora. Primeiramente, oferece consolo e esperança diante da morte, pois a vida eterna com Deus é prometida àqueles que vivem em comunhão com Ele. Além disso, orienta a ética e a moralidade cristãs, incentivando os fiéis a viverem de maneira justa e piedosa, sabendo que suas ações terão consequências eternas.

Em suma, a ressurreição dos mortos é um dogma central da fé católica, baseado na promessa de Deus revelada nas Escrituras e ensinada pela Igreja ao longo dos séculos. Ela oferece esperança, conforto e um sentido profundo de significado para a vida dos cristãos, recordando-lhes que a morte não é o fim, mas sim o início de uma vida plena e eterna com Deus.

A Igreja Católica tem fórmulas dogmáticas contendo os principais elementos de sua fé e são usados tanto na Liturgia quanto na Catequese, os chamados "símbolos". Sendo assim, tem-se no Símbolo Apostólico a seguinte expressão: "Creio [...] na ressurreição da carne..." e no Símbolo Niceno-constantinopolitano: "[...] E espero a ressurreição dos mortos...", portanto, as duas expressões são adequadas.

A Congregação para a Doutrina da Fé notou que em alguns missais em diversos cantos do mundo a palavra "carne" foi trocada por "corpo". Para sanar isso, em dezembro de 1983, sob a presidência do então Cardeal Ratzinger, publicou o documento "Decisões sobre a tradução do artigo 'Carnis Resurrectionem' do Símbolo Apostólico", no qual solicitou que todas as Conferências Episcopais adotassem a tradução literal do que é "ressurreição da carne" e não outras, ainda que similares.

O assunto é bastante complexo, pois há uma corrente teológica que insiste no erro de sustentar que existe uma ressurreição logo após a morte. Quem nunca, durante um velório ou em homilias, ouviu que a pessoa sendo velada já ressuscitou. É corriqueiro, mas inadequado, pois a Igreja ensina que a ressurreição ocorrerá somente no final dos tempos.

A Igreja, ao afirmar a ressurreição da carne, está sendo mais clara e precisa no fato de que aquela carne dentro do caixão ressuscitará no último dia. No dia 17 de março de 1979, a Congregação para a Doutrina da Fé publicou uma carta versando sobre "questões referentes à escatologia", abaixo citada:

"Esta Sagrada Congregação, responsável pela promoção e a proteção da doutrina da fé, quer aqui lembrar o que a Igreja em nome de Cristo ensina, de modo especial a respeito do que acontece entre a morte do cristão e a ressurreição universal.

1. A Igreja crê na ressurreição dos mortos.

2. A Igreja entende que a ressurreição se refere ao homem todo; para os eleitos, ela outra não é senão a extensão da própria ressurreição de Cristo aos homens.

3. A Igreja afirma a continuação e a subsistência, depois da morte, de um elemento espiritual dotado de consciência e vontade, de modo a existir no tempo intermédio o próprio 'eu humano', carecendo porém do complemento do corpo. Para designar este elemento, a Igreja emprega o termo 'alma', consagrado pelo uso da Sagrada Escritura e da Tradição. Embora não ignore que este termo possui diversos sentidos na Bíblia, julga, todavia, que não se pode dar nenhuma razão válida para rechaçá-lo e, ao mesmo tempo, julga ser absolutamente necessário um termo de linguagem para sustentar a fé do cristãos.

4. A Igreja exclui toda forma de pensamento ou de expressão que torne absurdo ou ininteligível seu modo de orar, seus ritos fúnebres, seu culto dos mortos - realidades estas que, substancialmente, constituem lugares teológicos.

5. A Igreja, em conformidade com as Sagradas Escrituras, espera 'a gloriosa manifestação de nosso Senhor Jesus Cristo', que, aliás, ela crê distinta e ulterior em comparação com a condição dos homens imediatamente após a morte.

6. A Igreja, em seu ensinamento sobre a condição do homem depois da morte, exclui, porém, qualquer explicação que esvazie o sentido da Assunção da Virgem Maria no que tem de único; a saber, nesse sentido, que a glorificação corpórea da Virgem é a antecipação da glorificação reservada a todos os eleitos.

7. A Igreja, em adesão fiel ao Novo Testamento e à Tradição, crê na felicidade dos justos que um dia estarão em Cristo. Ela crê no castigo eterno que espera o pecador, que será privado da visão de Deus, e na repercussão desta pena em todo seu ser. Crê, enfim, que para os eleitos possa haver uma eventual purificação prévia à visão divina, totalmente diversa, porém, do castigo dos condenados. É isso que a Igreja entende quando fala do inferno e do purgatório.

Quando se trata da condição do homem depois da morte é preciso precaver-se, de modo especial, do perigo de representações arbitrárias e baseadas só na imaginação, pois seus excessos formam parte importante das dificuldades que amiúde a fé cristã encontra. As imagens usadas pela Sagrada Escritura, no entanto, merecem respeito. É necessário compreender o significado profundo das mesmas, evitando o perigo de atenuá-las demais, pois isso vale muitas vezes a esvaziar de seu conteúdo as realidades que estas imagens representam.

Nem a Sagrada Escritura, nem os teólogos fornecem luz suficiente para uma descrição adequada da vida depois da morte. Os fiéis cristãos devem manter firmemente estes dois pontos essenciais: por um lado, crer na continuidade fundamental existente, em virtude do Espírito Santo, entre a vida presente em Cristo e a vida futura (pois a caridade é a lei do reino de Deus, e pela nossa caridade exercida na terra se medirá nossa participação na glória divina no céu); mas, por outro lado, o cristão deve estar consciente da ruptura radical que há entre a vida presente a futura, já que a economia da fé é substituída pela economia da luz plena, e nós estaremos em Cristo e 'veremos Deus'; e nestas promessas e mistério consiste essencialmente nossa esperança. se a imaginação não consegue chegar até aí, o coração chega instintivamente e em profundidade." (DH 4650-4659) <https://padrepauloricardo.org/episodios/ressurreicao-dos-mortos-ou-ressurreicao-da-carne>.

Percebe-se que o documento acima é claro sobre a crença católica de que somente existirá uma ressurreição no final dos tempos, que ela não será uma metáfora, mas incluirá o corpo e a alma do indivíduo. Como isso acontecerá é algo que a mente humana não consegue nem mesmo imaginar.

Em 1990, a Comissão Teológica Internacional, um dos braços da Congregação para a Doutrina da Fé, publicou um parecer denominado "Algumas questões atuais de escatologia", que dispõe que a ressurreição somente acontecerá na chamada **Parusía**, ou seja, na segunda vinda de Jesus Cristo, num evento histórico e futuro, levando abaixo os ensinamentos dos teólogos modernistas.

Por fim, a Igreja deixa claro que, de todas as criaturas, somente Maria Santíssima ressuscitou, na chamada "Assunção". Todos os demais seres humanos estão esperando o retorno de Jesus Cristo, embora saibamos que a ressurreição de todos nós, no final, é alcançada pela ressurreição do próprio Cristo, fonte da ressurreição de todos os mortos e vivos. Todos estarão de corpo e alma na glória de Deus, por isso acreditamos na ressurreição dos mortos ou ressurreição da carne.

7. TEORIA DO DESIGN INTELIGENTE

A origem da vida na Terra é um dos maiores e mais intrigantes mistérios científicos. A busca para entender como a vida surgiu no nosso planeta envolve diversas áreas do conhecimento, incluindo a biologia, a química, a física e até mesmo a filosofia. Desde teorias científicas até abordagens filosóficas e teológicas, há várias explicações propostas para o fenômeno complexo da origem da vida. Vamos explorar neste capítulo as principais teorias que tentam explicar como a vida surgiu na Terra.

A teoria da **abiogênese**, também conhecida como "origem espontânea da vida", sugere que a vida surgiu a partir de matéria não viva por processos naturais. Esta teoria é baseada na ideia de que moléculas orgânicas complexas podem se formar a partir de compostos químicos mais simples, eventualmente levando ao desenvolvimento de organismos vivos.

Em 1953, Stanley Miller e Harold Urey realizaram um experimento famoso que simulou as condições da Terra primitiva. Eles conseguiram sintetizar aminoácidos, os blocos de construção das proteínas, ao passar descargas elétricas através de uma mistura de gases que se acreditava estar presente na atmosfera primitiva. Este experimento forneceu evidências de que compostos orgânicos essenciais para a vida poderiam formar-se de maneira abiogênica <https://www.ufrgs.br/astronomia/wp-content/uploads/2018/04/Explorando_S5_J_Eduardo_Exobiologia.pdf>.

O modelo de RNA mundo propõe que a vida inicial usava RNA como material genético, antes do DNA e das proteínas evoluírem. O RNA é capaz de armazenar informações genéticas e também de atuar como catalisador, o que faz com que seja uma boa candidata para os primeiros sistemas vivos.

A teoria da **panspermia** sugere que a vida na Terra pode ter se originado a partir de material biológico (como esporos ou microrganismos) que veio de fora do planeta, trazido por meteoritos, cometas ou poeira espacial. Essa teoria não aborda como a vida surgiu, mas sim como ela pode ter sido transportada para a Terra (DAVIES, Paul. The Fifth Miracle, pg. 94).

A Panspermia Litográfica, uma variante da panspermia, propõe que rochas espaciais, como meteoritos, poderiam ter transportado microrganismos ou precursores de vida para a Terra.

Já a Panspermia Cósmica sugere que as sementes da vida poderiam ter vindo de uma fonte mais distante, como outra estrela ou galáxia, em vez de apenas do Sistema Solar.

A teoria da **criação**, embora não seja científica, é uma perspectiva importante, especialmente em contextos teológicos e religiosos. Ela sustenta que a vida foi criada por uma entidade divina ou força sobrenatural. Diferentes tradições religiosas oferecem explicações variadas sobre a origem da vida. Esclareço que a passagem de Gênesis 1 não deve ser lida de maneira literal, mas como simbolismo característico do momento histórico em que o livro foi escrito (ou seja, sem o conhecimento científico atual).

No cristianismo, a origem da vida é atribuída a Deus, que criou todas as coisas conforme descrito no Livro do Gênesis. A vida é vista como um ato de criação divina direta. Ele é a Causa Eficiente, que não tem antecedente, apenas Ele poderia gerar o Universo com amor e o manter em equilíbrio.

Outras tradições religiosas também possuem suas próprias explicações sobre a criação da vida, geralmente envolvendo a ação de deuses ou entidades superiores.

Outra abordagem sugere que a vida poderia ter se originado em ambientes específicos, como fontes termais submarinas, onde as condições químicas são favoráveis à formação de moléculas orgânicas complexas. As fontes hidrotermais no fundo dos oceanos oferecem um ambiente rico em minerais e energia, que poderia ter facilitado a síntese de moléculas essenciais para a vida.

A hipótese das **fontes hidrotermais** propõe que a vida poderia ter começado em ambientes subaquáticos ricos em compostos químicos e energia térmica. Esses locais poderiam ter fornecido as condições necessárias para a formação e manutenção das primeiras formas de vida.

A teoria do **mundo dos clorofilossomos** sugere que a vida primitiva pode ter se originado em formações de clorofilossomos, estruturas submicroscópicas que podem ter facilitado a conversão de energia solar em energia química antes da formação de células complexas.

A origem da vida na Terra é um tema multifacetado, que continua a gerar intensa pesquisa e debate. As teorias abordam desde a formação espontânea de compostos orgânicos complexos, passando pela possibilidade de vida vinda de fora do planeta, sem afastar que, em todo caso, a vida é fruto de uma ação divina. Cada teoria oferece uma perspectiva única e, apesar dos avanços científicos, o mistério da origem da vida ainda não foi completamente resolvido. A integração dessas ideias e a contínua exploração científica prometem iluminar ainda mais este fascinante aspecto da nossa existência.

A Teoria do Design Inteligente (TDI) tem suscitado debates intensos nas últimas décadas, especialmente no campo da ciência e da filosofia. Defendida por muitos como uma abordagem válida para explicar a complexidade irredutível e a informação especificada encontrada na natureza, a TDI encontra ressonância particular dentro da perspectiva da fé católica.

A fé católica, fundamentada na revelação divina e na razão, oferece um contexto rico para entender e apoiar os princípios centrais da TDI. O cerne desta Teoria reside em que certos aspectos do universo e dos seres vivos são mais bem explicados por uma causa inteligente, em contraste com processos puramente naturais ou aleatórios. Esse conceito ressoa com a crença católica em um Criador inteligente, que é tanto a fonte quanto o sustentáculo de toda a criação.

A doutrina católica enfatiza a harmonia entre fé e razão, destacando que o conhecimento científico e a compreensão da fé não devem ser vistos como mutuamente exclusivos, mas sim como complementares. São João Paulo II, em sua encíclica *Fides et Ratio*, sublinhou a importância de uma razão aberta à transcendência, capaz de investigar tanto as causas naturais quanto as causas finais e, assim, reconhecer sinais de design inteligente na criação.

A TDI propõe que certos fenômenos biológicos e físicos são altamente improváveis de terem surgido por meros processos aleatórios e que exibem características que apontam para uma intervenção inteligente. Para o pensamento católico, isso se alinha com a ideia de que Deus, como o Criador onipotente e onisciente, pode ter organizado a natureza de maneira que reflete sua própria sabedoria e inteligência.

Diversos exemplos na natureza têm sido citados como evidências de design inteligente, como a complexidade das estruturas celulares, o código genético altamente organizado e os sistemas biológicos que exibem adaptações precisas e interdependentes. A TDI sugere que essas características são mais bem explicadas por uma mente criadora que planejou e executou esses sistemas complexos.

Um bom observador é capaz de encontrar a assinatura divina nos fractais, por exemplo. Estas formas geométricas aparentemente aleatórias e não lineares são muito encontradas na natureza, como em um floco de neve. Como é que um cristal se organiza de forma que as partes (fractais) repetem os traços e a aparência do todo completo?

A sequência de Fibonacci é outro exemplo. Começa pelo primeiro número natural (1) e segue somando o antecedente: (1), 1+1 (2), 2+1 (3), 3+2 (5), 5+3 (8), 8+5 (13), 13+8, (21), 21+13 (34), 34+21 (55), e assim por diante. Essa soma aparentemente aleatória é encontrada, por exemplo, no formato das conchas, nas folhas das árvores, nas ondas do mar. Como é possível que todas as conchas dos oceanos tenham a mesma proporção?

Pra mim, a assinatura de Deus é visível na Tabela Periódica dos Elementos. Deus criou o Universo de forma tão precisa que todos os seus tijolos atômicos tenham um lugar certo. Não precisa ser um expert em química para ver que não existe lugar vazio na sequência de números atômicos (número de prótons no núcleo). Depois do Cobre (29) vem o Zinco (30). Antes do Enxofre (16) vem o Fósforo (15).

Quando o químico Dmitri Mendeleev começou a organizar a Tabela Periódica como a conhecemos, em 1869, ele percebeu que faltavam alguns elementos para determinados números atômicos. No entanto, ao invés de juntar tudo e assumir que alguns números atômicos haviam "pulado" na ordem (ou seja, não existiam os elementos correspondentes, como o Alumínio (13) e o Fósforo (15)), este brilhante cientista acreditou que havia ordem no Universo criado e deixou os espaços vagos na Tabela, afirmando que existiam elementos químicos que ainda não haviam sido descobertos.

Mendeleev acreditou que havia ordem no caos, um profundo ato de fé em um Criador, que não iria fazer as coisas bagunçadas. Apesar de Química ter sido o terror dos meus anos de Ensino Médio, eu até comecei a gostar do assunto depois de saber disso.

Do ponto de vista católico, a abordagem do TDI não só é coerente com a visão de um Deus que age através da criação, mas também respeita a liberdade de investigação científica. A Igreja Católica encoraja o estudo diligente da natureza como um meio de compreender melhor a sabedoria divina manifestada no mundo criado.

Além de suas implicações científicas, a TDI levanta questões filosóficas e teológicas profundas. Ela questiona a adequação das explicações puramente materialistas para a origem e desenvolvimento da vida e do universo, promovendo uma reflexão sobre o propósito e o significado do mundo natural. Para os católicos, essa discussão é inseparável da compreensão da própria existência humana e de nosso lugar no cosmos, criado por um Deus que nos ama e nos conhece profundamente.

Portanto, à luz da fé católica, a Teoria do Design Inteligente não é apenas compatível, mas também enriquece a compreensão da criação como um ato de amor e sabedoria divina. Ao considerar o mundo natural através da lente do design inteligente, os católicos encontram um diálogo frutífero entre a ciência e a fé, sustentando a convicção de que, em última análise, toda a criação aponta para seu Criador, que a sustenta em seu ser e a guia para seu fim último.

8. É POSSÍVEL ALCANÇAR A IMORTALIDADE (VIDA ETERNA) SEM DEUS?

Já que uma viagem espacial, mesmo na velocidade da luz, demoraria tempo demais para ser concluída em um lapso de uma vida humana, uma solução seria vivermos eternamente; assim daria tempo de chegar até Andrômeda, por exemplo, explorar à vontade e retornar para a Terra (ou ficar por lá mesmo, curtindo alguma praia de ácido sulfúrico). Qual é o problema com isso? Ora, onde é que Deus fica nesta hipótese?

A questão sobre a possibilidade de alcançar a vida eterna sem Deus é profundamente relevante para a fé católica e exige uma compreensão cuidadosa dos princípios da doutrina e da revelação cristã. Para a Igreja Católica, a vida eterna, entendida como a comunhão eterna com Deus no Céu, está intrinsecamente ligada à relação pessoal com Deus, que é a fonte e o fundamento da vida eterna. Vamos explorar este tema sob a perspectiva católica.

Na doutrina católica, a vida eterna é o dom supremo que Deus oferece à humanidade. É descrita como a união plena e definitiva com Deus, que é a Bem-aventurança Suprema e a realização final da existência humana. A Bíblia e os ensinamentos da Igreja afirmam que a vida eterna é um presente gratuito de Deus, concedido através da graça, e não algo que possa ser alcançado meritoriamente pelos nossos próprios esforços.

De acordo com o Catecismo da Igreja Católica, Deus é o "princípio e o fim" de toda a criação e redenção. Jesus Cristo, o Filho de Deus, é o mediador através do qual a humanidade pode alcançar a vida eterna. Através de Sua vida, morte e ressurreição, Cristo oferece o caminho para a salvação e a vida eterna. No Evangelho de João, Jesus afirma: "Eu sou o caminho, a verdade e a vida; ninguém vem ao Pai senão por mim" (João 14, 6). Este ensinamento sublinha a centralidade de Cristo e, por extensão, de Deus na obtenção da vida eterna.

A Igreja Católica ensina que Cristo é o único Salvador e que a salvação é encontrada exclusivamente Nele. O Concílio Vaticano II, em sua constituição *Lumen Gentium*, declara que "fora da Igreja não há salvação", embora isso seja compreendido de maneira inclusiva e misteriosa. Isso significa que, mesmo para aqueles que não conhecem explicitamente a mensagem cristã, Deus pode trabalhar de maneiras que transcendem a compreensão humana para oferecer a salvação. Contudo, a Igreja afirma que o meio ordinário e mais seguro de alcançar a vida eterna é a aceitação explícita da mensagem e da graça oferecida por Cristo.

No entanto, a Igreja reconhece que pessoas de boa vontade, que buscam a verdade e praticam a justiça conforme a sua consciência (indígenas, aborígenes, pessoas que não tiveram nenhum remendo de catequese), podem ser tocadas pela graça divina de maneiras que talvez não compreendam plenamente. No entanto, a adesão a Deus e a busca sincera pela verdade são vistas como passos fundamentais para alcançar a plenitude da vida eterna.

Na fé católica, alcançar a vida eterna sem Deus não é visto como uma possibilidade viável, pois a vida eterna é entendida como a comunhão plena e eterna com Deus. A relação com Deus é o aspecto central da vida eterna, e Cristo é considerado o único caminho para essa comunhão. Embora a Igreja reconheça que Deus pode operar de maneiras misteriosas e inclusivas, a doutrina católica afirma que a adesão explícita a Cristo e a aceitação da Sua graça é o meio ordinário e seguro para alcançar a vida eterna.

Assim, dentro do contexto da fé católica, a vida eterna é inseparável de Deus e de Sua revelação em Jesus Cristo. É, portanto, um dom de Deus, e é através da comunhão com Ele que se realiza a plenitude da felicidade e da existência.

A partir desta explicação é fundamental fazer uma distinção importante: a vida eterna, união com Deus de maneira plena e irrevogável, NÃO SE CONFUNDE com a imortalidade que muitos desejam alcançar pelo progresso científico e tecnológico.

Em suma, seu corpo morrer e você fazer o *upload* em uma máquina, para continuar (sobre)vivendo (se é que dá pra chamar isso de vida, mas vamos em frente).

Nossa alma é composta de quatro partes, as duas mais baixas (da qual não temos controle) são a imaginação (criatividade em sentido amplo) e a memória (fatos, sentimentos, até sons e cheiros são gravados) e duas mais altas, a inteligência (raciocínio lógico, matemático, linguístico, espacial) e a vontade (força interior, ânimo, querer realizar algo, atingir objetivos).

Imagino que em um futuro próximo seja possível que um equipamento salve todas as memórias de um ser humano, algo em torno de 100 Terabytes, mas pode ser muito mais se forem inclusas todas as ideias malucas que passaram na cabeça da pessoa durante toda a sua vida, mas ela não deu muita atenção. Isso seria a parte da memória.

Vale lembrar que não é nada fácil ler e interpretar as sinapses neurais de um indivíduo, por isso esta tecnologia tem progredido, mas a passos muito curtos.

Vamos supor também que este mecanismo que guarde as memórias faça combinações de diversos conceitos que o indivíduo tem guardado, desde misturar menta com chocolate em um sorvete até fantasias sexuais mais exdrúxulas. Ok, temos uma criatividade baseada na tentativa e erro, e provavelmente mais interessante do que muita bobagem disponível em mídias sociais hoje.

Por cima disso tudo, vamos assumir que essa máquina possa raciocinar e tirar conclusões sobre conceitos concretos como dois mais dois são quatro, ou mesmo conceitos abstratos como "é bom respeitar o próximo", "é mau tirar a vida de alguém"; assim como uma criança aprende estes conceitos e não esquece, o *upload* do pacote neural de uma pessoa tem que incluir todos os seus entendimentos e posicionamentos sobre o que é certo e o que é errado, pois são frutos do que nos foi ensinado e está guardado em nossas memórias.

Mas e a vontade? O livre arbítrio? Isso é intrínseco de cada alma, e jamais vai poder ser gravado em um aparelho. Dentro do nosso processo de tomada de decisão a pessoa (em tese) avalia a melhor linha de ação disponível, com base nas informações que possui, e muitas vezes toma decisões completamente estapafúrdias, que sabe serem erradas ou prejudiciais. Mas vão lá, dar murro em ponta de faca, teimosia combinada com soberba.

Muitos vão defender então: não precisamos de livre-arbítrio, vamos tomar sempre a melhor decisão possível e não permitir a auto-sabotagem que nos causa tanto sofrimento. Ocorre que esta ideia tem dois problemas.

Primeiro, sem discernimento deixamos de ser seres humanos, passamos a reagir como máquinas sem o menor prazer ou desprazer em viver. Que vidinha mais medíocre, se é que isso pode ser considerado vida.

Segundo, Deus nos criou assim, a alma imortal soprada em cada um de nós no momento da concepção é o que nos torna humanos, livres para decidir entre o bem e o mal. É isso que Deus quer de nós, seres humanos capazes de sermos santos, mas também de jogarmos nossa alma na lata de lixo eterna, sem direito a reciclagem.

Os animais não tem livre-arbítrio, eles reagem com base em seus instintos e memórias. Claro que muitos animais raciocinam e têm boa dose de discernimento (mais até do que muitos humanos por aí), mas não são capazes de tomar decisões como os seres humanos, criados à imagem e semelhança de Deus, únicos seres capazes de amar e de sofrer, de sacrificarem a si mesmos por algo maior do que eles mesmos, de renunciar a este mundo na esperança do próximo.

É nossa alma imortal que faz de nós seres humanos, não nossas experiências terrestres. Parece paradoxal, mas não é: o sofrimento nos torna humanos, é a capacidade de decidir entre a graça e o pecado, entre a virtude e o vício, o que nos permite aproximarmos do eterno, e mesmo a miséria do pecado arraigado na alma pode ser capaz de proporcionar um encontro pessoal com Deus.

Em poucas palavras, a suposta imortalidade que o progresso científico promete trazer vai nos rebaixar à condição de autômatos, um pouco melhores do que os animais, mas sem a graça santificante, incapazes de agir de acordo com as moções do Espírito Santo.

Os ferrenhos defensores da Inteligência Artificial podem me criticar à vontade, continuo mantendo a posição de que essa tecnologia vai conceber apenas máquinas capazes de realizar tarefas (nesse quesito elas são fantásticas), adotar a melhor linha de ação de acordo com as variáveis disponíveis (melhor do que muitos seres humanos), mas não vão adquirir consciência (e dominar o mundo).

Mas não descarto a hipótese de que a IA vai fazer as pessoas ficarem cada vez mais idiotas, incapazes de realizar um raciocínio lógico ou ter pensamento crítico, ou mesmo reconhecer a verdade diante de seus olhos. Programe uma máquina (ou eduque um homem) para responder que a grama não é verde, ou que dois mais dois não são quatro, e ela (ou ele) vai responder obedientemente ao programado, mesmo que isso leve à sua autodestruição (e da humanidade junto).

Como você está lendo este livro agora, ao invés de ficar vendo tolices nas diversas mídias sociais que nos distraem do nosso objetivo de vida (pessoal, familiar, profissional e principalmente espiritual), roubam nosso precioso tempo de vida e nos alienam (alienígenas?), saiba que você é um herói da resistência contra a dominação das máquinas sobre o nosso pensamento. TMJ, mermão.

Afinal de contas, que graça tem continuar por tanto tempo assim nesta existência? "Quem de vós, por mais que se preocupe, pode acrescentar um côvado ao curso de sua vida?" (Mateus 6, 27). "Até os cabelos de sua cabeça estão todos contados" (Lucas 12, 7). Nenhuma máquina vai ser capaz de fazer o que Deus fez por nós ao nos conceder o dom da vida. "Eis que te tenho gravado na palma das minhas mãos" (Isaías 49, 16).

Pelo visto, não está nada fácil essa viagem para outros planetas, nenhuma das hipóteses passou pelo teste na análise tecnológica e teológica. E por favor, não me venha falar de viagens espirituais para outros planetas... não sei o que você fumou para pensar isso, mas coisa boa não foi. Vamos tratar disso em breve.

Concluindo, vamos cuidar do quintal de nossa casa, nosso pálido ponto azul no Universo, criado por Deus para nós, e oferecer nosso esforço para obtermos um lugar melhor na eternidade. É o que temos para hoje.

9. ALIENÍGENAS (SE EXISTIREM), ESTÃO INCLUÍDOS NA REDENÇÃO POR CRISTO?

A questão sobre a inclusão de possíveis formas de vida extraterrestre na redenção oferecida por Cristo é um tema fascinante e complexo, que mistura teologia, filosofia e ciência. No contexto da fé católica, a reflexão sobre alienígenas e sua relação com a redenção exige uma consideração cuidadosa dos princípios da teologia cristã, especialmente sobre a universalidade da salvação e o papel de Jesus Cristo.

Na fé católica, a redenção é um dom oferecido por Deus à humanidade através de Jesus Cristo. O Catecismo da Igreja Católica ensina que Cristo, como o Filho de Deus, veio ao mundo para salvar a humanidade do pecado e da morte eterna. A redenção é entendida como um ato universal de amor e graça divina, destinado a todos os seres humanos.

A encarnação de Cristo e Sua morte redentora são vistas como eventos que têm uma importância cósmica, não limitada apenas à Terra, mas que possuem uma dimensão que transcende o tempo e o espaço. Portanto, a universalidade da redenção é um princípio central na teologia católica, indicando que a oferta da salvação é destinada a toda a humanidade.

O reconhecimento da possibilidade de vida extraterrestre não é incompatível com a fé católica. A Igreja não possui uma posição oficial sobre a existência de vida em outros planetas, mas o fato de que a criação é vasta e diversificada o suficiente para abrir a possibilidade de que outras formas de vida possam existir. Em 2008, o Papa Bento XVI afirmou que a crença na existência de vida extraterrestre não é contrária à fé cristã e que a busca por vida fora da Terra pode, na verdade, aprofundar nossa compreensão da grandeza de Deus como Criador.

Se hipoteticamente encontrássemos formas de vida extraterrestre, a questão de saber se elas estão incluídas na redenção por Cristo é profundamente teológica. A Igreja Católica poderia considerar várias possibilidades baseadas em sua doutrina:

1. **Universalidade da Redenção**: A doutrina católica afirma que Cristo morreu para a salvação de toda a humanidade. Se a vida extraterrestre for encontrada, a mesma lógica poderia se aplicar, com a possibilidade de que a redenção oferecida por Cristo seja universal e abranja todas as formas inteligentes de vida. A natureza divina de Cristo poderia ter um alcance que transcende as fronteiras do tempo e do espaço, além dos limites planetários.

2. **Inculturação e a Redenção**: A Igreja Católica ensina que a mensagem de Cristo deve ser inculturada nas diversas culturas humanas. Se existirem seres extraterrestres com sua própria cultura e racionalidade, o princípio da inculturação poderia se estender a eles, permitindo que a mensagem da salvação seja adaptada de uma forma que ressoe com sua própria compreensão e experiência. A catequese dos jesuítas nas Américas foi exatamente assim, já que na época não havia elementos culturais suficientes para os tupiniquins entenderem o conceito de pecado e de graça salvífica.

3. **Mistério da Salvação**: O mistério da salvação é um tema central na teologia católica. Se existirem formas de vida extraterrestre, a Igreja poderia considerar que a maneira exata pela qual essas formas de vida participam da redenção é um mistério que pertence à sabedoria e à misericórdia divina. Deus pode ter meios e modos de salvar que vão além da compreensão humana.

4. **Cristo e a Criação**: Em Colossenses 1, 16, é dito que "em Cristo foram criadas todas as coisas nos céus e na terra". Esta passagem pode ser interpretada como um indicativo de que a redenção de Cristo pode se estender a toda a criação, não apenas à Terra. Assim, se houver vida extraterrestre, a redenção oferecida por Cristo poderia ser de alguma forma aplicável a eles também.

A inclusão de possíveis formas de vida extraterrestre na redenção por Cristo é uma questão que desafia as fronteiras do conhecimento teológico e científico. A Igreja Católica, com sua compreensão da universalidade da redenção, pode considerar a possibilidade de que a salvação oferecida por Cristo tenha um alcance que transcende a Terra, abrindo espaço para a inclusão de qualquer forma de vida inteligente que possa existir fora do nosso planeta.

Em última análise, a questão permanece envolta em mistério e especulação, e o entendimento completo de como a redenção se aplica a qualquer possível vida extraterrestre pertence à infinita sabedoria de Deus. O foco da Igreja Católica permanece na importância da mensagem de Cristo para a humanidade e na busca contínua pela verdade e pela compreensão do desígnio divino.

De certa forma, temos uma excelente notícia: se houver vida inteligente em outros planetas, temos o dever de evangelizá-las. "Ide por todo o mundo, pregai o Evangelho a toda criatura" (Marcos 16,15). Qualquer ser dotado de uma alma imortal, capaz de discernir entre o bem e o mal, mesmo que tenha a pele verde e os joelhos para trás, merece conhecer a mensagem de salvação por Nosso Senhor Jesus Cristo.

Ou você pensa que foi tranquilo para os jesuítas quando chegaram na América? Doenças, perigos diversos, dificuldades de comunicação. No entanto, foram estes desbravadores do anúncio do Evangelho da paz que viveram e morreram para cumprir esta ordem divina.

Agora vem a má notícia: mesmo que você considere a imensidão do Universo, a possibilidade de encontrar vida fora da Terra é extremamente baixa, e vida inteligente então, praticamente nula. Isso é uma verdade difícil de engolir para todos os fãs de ficção científica, mas a probabilidade imensamente maior é de que somos somente nós mesmos, seres humanos aqui na Terrinha.

Isso quer dizer que vamos deixar de explorar outros planetas e corpos celestes distantes? Longe disso, acredito ser válido todo centavo gasto em telescópios, sondas espaciais e todo tipo de pesquisa, até mesmo para comprovar qual das teorias da origem da vida na Terra está correta.

Se Deus criou o mundo, de acordo com a Teoria do Big Bang criada pelo padre Georges Lemaître e devidamente comprovada por Edwin Hubble com a constatação de que as galáxias estão se afastando, pode ter certeza que a mão de Deus está presente na formação da vida também, independente de qual teoria prevaleça. Um dia, quem sabe, Deus permita que a gente descubra também o que Ele quis dizer com "o sopro da vida nas narinas de Adão", em Gênesis, que nos concedeu uma alma imortal e nos tornou imagem e semelhança do Criador. Aguardemos com fé e esperança.

10. JESUS MANDOU LEVAR O EVANGELHO A OUTROS PLANETAS?

Essa questão mistura elementos teológicos, especulativos e de ficção científica. Para abordar esse tema, é importante explorar o contexto histórico e teológico das mensagens de Jesus e como essas mensagens têm sido interpretadas ao longo dos séculos.

Jesus de Nazaré, figura central do cristianismo, viveu e pregou na Palestina do século I. Seus ensinamentos e vida são registrados principalmente nos Evangelhos do Novo Testamento, que enfatizam a mensagem de salvação, amor, e a chegada do Reino de Deus. Os Evangelhos registram que Jesus deu uma missão específica aos seus seguidores: "Ide, portanto, e fazei discípulos de todas as nações" (Mateus 28, 19), que é conhecida como a Grande Comissão.

Essa missão foi entendida, dentro do contexto histórico da época, como um chamado para espalhar os ensinamentos de Jesus a todas as nações e povos da Terra. Não há, nos textos bíblicos tradicionais, uma referência explícita a outros planetas ou mundos além da Terra. A visão da Grande Comissão foi, portanto, interpretada como uma ordem para expandir a mensagem cristã entre os povos da Terra.

Será que São Pedro, Príncipe dos Apóstolos, tinha noção de que a Terra era redonda e que havia povos indígenas nas Américas, para serem catequisados também? Pode ser. Existe na tradição católica o relato de que São Tomé, o apóstolo da falta de fé, pisou aqui no Brasil e pregou a Boa Nova da salvação aos autóctones, antes de partir para a região onde hoje é a Índia, local onde foi martirizado.

Relatos dos descobridores do Brasil contam que os silvícolas aqui da Terra da Santa Cruz, ao receberem o anúncio do Evangelho e perceberem a conexão divina que os padres realizavam através da Santa Missa, relataram que uma pessoa chamada Zomé já tinha passado por estas bandas falando de Jesus, e inclusive apontaram para uma pedra em uma praia, com um pé direito marcado nela, sinal que o apóstolo deixou quando bateu por aqui pela primeira vez. Não tem comprovação científica, apenas histórica. Confira a explicação do Raphael Tonon sobre o assunto <https://www.youtube.com/watch?v=JLNNvUS9U3M>.

Com o avanço da ciência e da exploração espacial, a ideia de vida em outros planetas tornou-se uma possibilidade real e intrigante. Embora a Bíblia não mencione diretamente outros planetas, alguns teólogos e estudiosos especulam sobre o alcance das mensagens divinas em um universo vasto.

A ficção científica frequentemente explora temas semelhantes, criando cenários onde religiões e ensinamentos são adaptados para contextos extraterrestres. Esses cenários oferecem uma maneira de imaginar como os princípios espirituais e éticos poderiam se aplicar em um universo mais amplo, mas essas representações são, em última análise, especulativas e não baseadas em textos religiosos tradicionais.

1. **Missão Universal x Missão Local**: A mensagem de Jesus, conforme registrada nos Evangelhos, é muitas vezes interpretada como tendo um caráter universal no sentido de que deveria alcançar todas as nações da Terra. A ideia de levar o evangelho a outros planetas não é mencionada diretamente, mas pode ser vista como uma extensão especulativa da ideia de uma mensagem universal.

2. **Interpretações Modernas**: Alguns teólogos e filósofos modernos podem explorar a ideia de que a mensagem cristã poderia ter implicações para uma compreensão universal, incluindo a possibilidade de vida extraterrestre. No entanto, essas interpretações não têm base em textos antigos e são mais uma questão de especulação e reflexão filosófica.

3. **Exploração Espiritual e Científica**: A exploração espacial e a busca por vida extraterrestre abrem novas perguntas sobre como entendemos nosso lugar no universo e como aplicamos nossos princípios espirituais e éticos. Embora não haja mandatos explícitos para

evangelizar outros planetas, a busca por uma compreensão mais profunda do universo pode enriquecer nossa visão espiritual.

Embora a ideia de que Jesus mandou levar o evangelho a outros planetas não seja encontrada nas tradições cristãs ou nos textos bíblicos, ela oferece uma interessante oportunidade para reflexão sobre o alcance e a profundidade da mensagem cristã em um universo em expansão. A Grande Comissão, conforme entendida tradicionalmente, é um chamado para a disseminação da mensagem de amor e salvação entre os povos da Terra. A especulação sobre outros planetas é um exercício fascinante na interseção entre fé, ciência e imaginação, mas, até o momento, permanece no domínio da especulação e ficção científica.

11. A VERDADE ESTÁ AQUI DENTRO

A busca pela verdade é uma das características distintivas da experiência humana, englobando tanto a ciência quanto a teologia. Na tradição católica, a verdade científica e a teológica são vistas como caminhos distintos que, embora operem em esferas diferentes, podem interagir e se complementar. A fé católica oferece um quadro único para compreender como essas duas formas de conhecimento se relacionam e se influenciam mutuamente.

A ciência busca entender o mundo natural através da observação, experimentação e análise. Os métodos científicos são baseados na coleta de evidências empíricas e na formulação de teorias que podem ser testadas e refinadas. A Igreja Católica tem uma longa história de envolvimento com a ciência, das quais destacam-se figuras como São Tomás de Aquino, que integrava o conhecimento científico e filosófico em seu pensamento teológico, e Santo Alberto Magno, padroeiro das ciências naturais.

A Igreja sempre reconheceu a validade do método científico e a importância das descobertas científicas para entender o funcionamento do universo. Desde os primeiros dias da ciência moderna, muitos cientistas foram também católicos devotos, como Gregor Mendel, o pai da genética, e Georges Lemaître, o sacerdote e astrônomo que formulou a teoria do Big Bang. Louis Pasteur, pioneiro da microbiologia e inventor da vacina contra a raiva, rezava o Rosário devotamente, e não deixou o Iluminismo da época contaminar seu pensamento ou sua fé (https://fr.aleteia.org/2019/01/24/le-jour-ou-louis-pasteur-demontra-que-science-et-foi-etaient-compatibles).

A teologia, por outro lado, é o estudo da revelação divina e da relação entre Deus e a humanidade. A teologia católica baseia-se nas Escrituras e na Tradição, buscando entender o plano de Deus para o mundo e a salvação. O Catecismo da Igreja Católica e as obras dos Padres da Igreja são fontes primárias de conhecimento teológico.

Para a Igreja Católica, a verdade teológica é revelada por Deus e acessível através da fé e da razão. A verdade teológica não é uma simples construção humana, mas uma descoberta do plano divino, que é considerado absoluto e imutável.

A fé católica ensina que a ciência e a teologia, embora distintas, não estão em conflito essencial. A Igreja Católica vê ambas como formas de buscar a verdade e acredita que elas podem coexistir e se complementar. Esta visão é baseada na crença de que a verdade, em última análise, é uma só, e que tanto a ciência quanto a teologia buscam entender aspectos diferentes da mesma realidade.

A Igreja Católica defende a ideia de que a ciência e a teologia abordam diferentes dimensões da realidade. A ciência explora o "como" do mundo natural, enquanto a teologia busca responder ao "porquê" da existência e do propósito. A Encíclica *Fides et Ratio* do Papa João Paulo II afirma que "a filosofia e as ciências situam-se na ordem da razão natural, enquanto a fé, iluminada e guiada pelo Espírito, reconhece na mensagem da salvação a plenitude de graça e de verdade (Jo 1, 14) que Deus quis revelar na história, de maneira definitiva, por meio do seu Filho Jesus Cristo (1 Jo 5, 9; Jo 5, 31 e 32)".

O diálogo entre ciência e teologia pode levar a uma compreensão mais rica da verdade. O entendimento científico das origens do universo, por exemplo, pode enriquecer a visão teológica da criação, enquanto as reflexões teológicas podem oferecer uma perspectiva sobre os limites e os propósitos da ciência. A Igreja encoraja esse diálogo, pois acredita que ele pode promover uma visão mais completa e harmônica da realidade.

Quando surgem aparentes conflitos entre ciência e teologia, a Igreja Católica busca resolvê-los através de uma abordagem que respeite a integridade de ambas as disciplinas. Em vez de ver os conflitos como batalhas, a Igreja os considera como oportunidades para aprofundar a compreensão e ajustar interpretações teológicas à luz de novas descobertas científicas.

A história oferece vários exemplos de como a Igreja Católica reconciliou a ciência com a teologia. O caso da teoria heliocêntrica, defendida por Galileu Galilei, inicialmente encontrou resistência, mas foi eventual e cuidadosamente integrada à compreensão católica da criação. Mais recentemente, a aceitação da teoria do Big Bang e da evolução biológica (como já explicamos no Capítulo Teoria do Design Inteligente) dentro da Igreja demonstra a capacidade de adaptar e enriquecer a teologia à medida que novas evidências científicas surgem.

O texto bíblico de Gênesis 1, 3 ilumina a mente humana desde os primórdios: "Deus disse: faça-se a luz! E a luz foi feita". BANG! Primeiro dia. Agora entendemos minimamente como foi esta explosão cósmica, que simplesmente detonou toda a energia do Universo acumulada e colocou tudo em movimento. Um BIG de um BANG! Contradição? Só na sua cabeça!

A descoberta da verdade, tanto científica quanto teológica, é um esforço contínuo que busca compreender melhor o universo e o lugar da humanidade dentro dele. A fé católica oferece um contexto que vê a ciência e a teologia como campos que, embora distintos em seus métodos e objetivos, podem colaborar e se enriquecer mutuamente. A Igreja acredita que, ao buscar a verdade com humildade e abertura, os seres humanos podem chegar a uma compreensão mais profunda e completa da realidade, refletindo a unidade e a integridade da criação divina.

Muito interessante a cena final do filme "Jornada nas Estrelas – A última fronteira", porque ilustra bem esse pensamento. No filme, um vulcano renegado chamado Sybok está procurando um meio de chegar no centro da Via Láctea e assim encontrar Deus. Se você não se importar, tem spoiler nos parágrafos seguintes.

Em resumo, Sybok sequestra a Enterprise e leva todo mundo para a coordenada 0 – 0 – 0 – 0, o centro da Via Láctea. Lá ele encontra uma entidade muito esquisita, autointitulada Deus, que pede para a espaçonave se aproximar para entender como os viajantes ultrapassaram a barreira da galáxia (ou seja, viagens intergaláticas). O Capitão Kirk interpela o suposto Deus perguntando como um ser Todo Poderoso e Onisciente não sabe nem consegue ultrapassar a barreira da galáxia, e precisa de uma espaçonave.

Depois de muitos feixes de prótons no alienígena estelionatário que queria se passar por Deus, o médico McCoy pergunta para o Capitão Kirk: "Então quer dizer que Deus não existe?", e a resposta valeu a pena todos os clichés do filme até agora: "Na verdade, Bones (apelido do McCoy), **ele está no meio de nós**". Fim do filme.

Quem diria que, mesmo com tanto progresso científico e tecnológico, o personagem Capitão Kirk ainda acreditava em Deus? E conhecia Sua Palavra? Quem imaginaria que um filme que marcou toda uma geração de cientistas, estudiosos, inventores e *nerds* de todo tipo, iria citar uma passagem bíblica (Lucas 17, 21)?

Conhece-te a ti mesmo, esse é o convite de João Paulo II na *Fides et Ratio*. Não precisamos viajar pelas galáxias para encontrar a verdade. Ela está aqui dentro. Ela está no meio de nós.

12. CONCLUSÃO

Deus existe? Sim, nós sabemos. Acredita quem quiser.

Deus criou o Universo? Sim, nós sabemos, há comprovação científica suficiente.

Deus criou a vida na Terra? Sim, nós temos evidências neste sentido, a assinatura de Deus está presente em toda forma de vida, e em toda a criação (Sab 13, 5).

Deus criou o homem à sua imagem e semelhança? Acredite se quiser, não somos frutos do acaso.

Existe vida fora da Terra? Não sabemos. Vida inteligente? Não sabemos. A única certeza é de que, se existir, Deus a criou. Vou entregar esta resposta incompleta.

Jesus era um extraterrestre? Não, Ele nasceu aqui, da Virgem Maria, por obra do Espírito Santo de Deus. Jesus já existia desde o princípio (João 1, 1).

Os milagres são formas avançadas e desconhecidas de tecnologias? Duvido muito, porque Deus realiza o impossível sem precisar dar satisfação para ninguém. Os carros de fogo descritos por Ezequiel (Ez 1) e Elias (2 Reis 2, 11), a estrela guia dos Reis Magos (Mateus 2, 1), não são nada mais do que interações visíveis de elementos sobrenaturais que os observadores puderam presenciar.

E os metais alienígenas para construir espaçonaves? Ora, vá estudar Química! Aparece cada um...

Através da Física Quântica vamos conseguir obter energia suficiente para fazermos viagens intergalácticas? Max Planck iria ficar pasmo ao ver como todo mundo usa a palavra "quântico" para dar mais credibilidade ao seu produto ou serviço. Estude um pouco de Física e você vai entender.

O céu é um lugar? Sim. O céu é um estado de espírito? Sim.

É possível alcançar o céu? Sim, unindo-se a Deus através da oração, da ascese, dos sacramentos, em especial da Santíssima Eucaristia.

As experiências místicas de Santa Maria Faustina Kowalska com Jesus deixam claro que há uma profunda interação entre o céu e a terra, entre a realidade material e a vida sobrenatural. Além da apóstola da Divina Misericórdia, tantos jovens tiveram encontros com Nossa Senhora em tantos lugares do mundo que é possível afirmar três coisas:

- existe uma torcida enorme em uma outra existência para cada um de nós chegar lá também (a salvação é para todos, João 10, 10));

- há também o grupo dos excluídos da graça de Deus, que passam toda a eternidade buscando trazer mais pessoas para seu time;

- cedo ou tarde vamos ter que embarcar em um destes dois rumos, num caminho somente de ida. Vai deixar para reservar o bilhete na véspera, quando a passagem ficar mais cara?

E com uma nave espacial? Mesmo que um dia a humanidade consiga vencer os desafios tecnológicos tremendos de uma viagem intergalática, ao chegar à morada eterna o viajante vai encontrar "anjos com espadas de fogo guardando o local" (Gênesis 3, 24).

Ou seja, não dá pra entrar na festa sem o bilhete de entrada. O último que tentou entrar na festa sem os trajes adequados (estado de graça, união com Deus), teve os pés e as mãos amarrados e lançado fora, na escuridão (Mateus 22, 15). Vai encarar?

Existe alguma passagem na Bíblia que fala de extraterrestres? Esta resposta é mais complexa, e necessária para evitar falsas interpretações da Palavra de Deus.

Sem sombra de dúvida a Bíblia cita seres inteligentes não humanos, criaturas com conhecimento pleno da verdade revelada e capazes de conhecer e determinar-se sobre o Bem e o Mal. São os anjos de Deus e os anjos caídos. Mas eles não são as únicas criaturas inteligentes encontradas nos textos bíblicos.

Os nefilins são uma figura enigmática mencionada brevemente na Bíblia, especificamente no Livro de Gênesis. Embora seu papel e natureza não sejam totalmente claros, a tradição católica oferece algumas interpretações e contextos que ajudam a entender seu lugar na narrativa bíblica. Vamos conceituar os nefilins à luz da fé católica, abordando suas origens, interpretações e implicações teológicas.

A referência mais direta aos nefilins encontra-se em Gênesis 6:1-4:

"Quando os homens começaram a multiplicar-se na terra e lhes nasceram filhas, viram os filhos de Deus que as filhas dos homens eram formosas; e tomaram para si mulheres de todas as que escolheram. Então o Senhor disse: 'O meu Espírito não contenderá para sempre com o homem, pois este é carne; porém seus dias serão cento e vinte anos.' Naqueles dias estavam os nefilins na terra, e também depois, quando os filhos de Deus iam ter relações com as filhas dos homens e delas nasciam filhos. Estes são os valentes que houve na antiguidade, os varões de fama."

Este trecho é o único na Bíblia que menciona explicitamente os nefilins, e é acompanhado por uma série de questões interpretativas e debates sobre sua verdadeira natureza.

Na tradição católica, uma interpretação comum é que os nefilins eram gigantes ou seres de estatura extraordinária. Essa interpretação se baseia em traduções antigas da palavra "nefilim" como "gigantes". A expressão "os valentes que houve na antiguidade" é frequentemente vista como uma referência a figuras míticas ou lendárias da antiguidade, conhecidos por sua grandeza e feitos heroicos.

Outra interpretação é que os "filhos de Deus" e as "filhas dos homens" referem-se a duas linhagens diferentes: os descendentes de Set (o "filhos de Deus") e os descendentes de Caim (as "filhas dos homens"). Segundo essa visão, os nefilins seriam os descendentes dessas uniões, descritos como grandes heróis ou guerreiros que se destacaram por suas realizações.

Algumas tradições e textos apócrifos sugerem que os nefilins poderiam ter sido anjos caídos ou seres sobrenaturais que interagiram com a humanidade de uma forma corrupta. Esta visão é mais comum na literatura apócrifa, como o Livro de Enoque, que detalha a história dos "vigilantes" – anjos que desceram à Terra e tomaram esposas humanas, gerando uma raça de gigantes. Embora não faça parte do cânon oficial, essa tradição influenciou algumas interpretações sobre os nefilins, há muito descartadas por uma razão muito simples e óbvia: anjos não procriam (nem sexo definido eles têm, oras).

A Igreja Católica, em suas interpretações oficiais, não adota a visão dos nefilins como anjos caídos, uma vez que esta é uma interpretação mais associada a textos não canônicos. Em vez disso, a tradição católica tende a focar na ideia de que os nefilins eram figuras notáveis e poderosas da antiguidade, reconhecendo a ambiguidade e o simbolismo presente no texto bíblico.

Na tradição católica, a mensagem central do relato dos nefilins não é tanto sobre a natureza desses seres, mas sobre as consequências da desobediência e da corrupção humana. O texto de Gênesis 6 é interpretado como um preâmbulo ao Dilúvio, que é visto como uma resposta divina ao aumento da maldade e corrupção na Terra. A presença dos nefilins é, portanto, mais uma maneira de destacar o ambiente moral decadente que levou ao julgamento de Deus.

O Catecismo da Igreja Católica não fornece uma doutrina específica sobre os nefilins, mas enfatiza que a verdade revelada nas Escrituras deve ser entendida dentro do contexto da salvação e da moralidade cristã. O foco da Igreja está em como esses textos bíblicos revelam aspectos da natureza humana e do plano divino, mais do que em detalhes específicos sobre figuras enigmáticas.

Os nefilins permanecem uma figura enigmática dentro da tradição católica, com interpretações que variam de gigantes lendários a figuras poderosas de tempos antigos. Embora a Igreja Católica não tenha uma posição dogmática detalhada sobre os nefilins, ela oferece uma visão que os coloca dentro do contexto moral e teológico das Escrituras. Em última análise, o relato dos nefilins serve como um pano de fundo para refletir sobre a natureza humana, a desobediência e o julgamento divino, destacando a importância da justiça e da retidão na história da salvação.

Grande parte dos estudiosos bíblicos defende que os Nefilins e os filhos de Deus em Gênesis podem ser entendidos como uma referência remanescente à mitologia da criação do mundo pelos pagãos que conviveram com a antiga Israel, e foram escritos por aquele tipo de pessoa cuja cultura enxergava qualquer um que não fosse da sua tribo como sendo estranha (alienígena vem do latim *Alienus*, estrangeiro, que vem de fora, por isso estrangeiros e alienígenas podem ser usados como sinônimos).

Sejam estas criaturas anjos ou alienígenas, de fato isso não importa para o nosso argumento aqui. O cerne da questão é que os antigos escritores da Bíblia, como todos os povos antigos, sequer consideravam a possibilidade da existência de outros seres inteligentes, porque tinham humildade suficiente para reconhecer como seu conhecimento era limitado. O mundo era um lugar grande, a maior parte desconhecida e provavelmente hostil. Eles não tinham noção nem que a Terra era redonda.

É fato de que este Deus, revelado ao seu povo eleito, que criou todas essas outras criaturas, tem uma relação amorosa especial com o seu povo: o povo de Israel e, através da obra redentora de Cristo, toda a humanidade se tornou "filhos de Deus", que Jesus conseguiu que fôssemos, nas palavras de São Paulo (Romanos 8, 17) "co-herdeiros" do seu Reino.

Para Jesus ter vindo a este mundo pagão Deus precisou primeiro formar um povo que acreditava no Deus único (não nos povos que idolatravam o Sol, animais, vulcões, e paganismos diversos) e dentro deste povo escolher a mulher perfeita para Seu Filho (que infância Jesus teria tido se Nossa Senhora fosse nascida ou habitasse na Pérsia ou na Babilônia?).

Assim, os filhos de Deus eram o povo israelense, e os filhos dos homens eram os povos pagãos. Todos seres humanos, descendentes de Adão e Eva.

De fato, foi somente no "iluminismo" do século XVIII que um ceticismo para a existência de outras criaturas se instalou. Ainda hoje, o estudo científico da vida no universo tem que lutar muito para superar o preconceito em nossa cultura moderna de que os seres extra- terrestres não são nada além de invencionice ou superstição.

Muitas das histórias contadas por pioneiros que viajavam pelo mundo naquela época podem ter sido verdadeiras, mas a maioria esmagadora eram meras invenções. Não se combate uma superstição com outra superstição, mas apenas com a verdade.

A ciência tem que corrigir as superstições de seu tempo. Por seu turno, como afirma a declaração do Papa João Paulo II, a religião também deve nos lembrar dos limites do nosso conhecimento científico.

O ponto de toda essa discussão é simples. Não há nada na Sagrada Escritura que possa confirmar, ou contradizer, a possibilidade de vida inteligente em outras partes do universo. Não sabemos. Somos livres para especular.

Mas essa especulação encontra limites em dois princípios cruciais de nossa fé. Primeiro, o que quer que esteja lá fora, foi criado por um Deus de amor. E segundo, não importa o que Deus faça ou deixe de fazer com o resto da criação, nada que a gente descubra vai entrar em contradição o que sabemos que Ele fez aqui por nós.

Podemos fazer viagens espirituais a outros planetas? Sério, você quer mesmo que eu fale sobre isso?

No contexto da fé católica, que é profundamente enraizada na tradição e na doutrina revelada, esse conceito é abordado com um olhar crítico e reflexivo. Embora a Igreja Católica não trate especificamente de viagens espirituais a outros planetas, alguns princípios teológicos e espirituais podem oferecer uma perspectiva sobre como considerar essa ideia.

A Igreja Católica baseia sua doutrina na Revelação Divina, que inclui as Escrituras e a Tradição. A fé católica ensina que Deus criou o universo e tudo o que nele existe. A visão católica do cosmos é uma de ordem e propósito, e a criação é vista como um reflexo da grandeza e do plano divino.

O Catecismo da Igreja Católica enfatiza a importância da oração e da meditação como meios para se aproximar de Deus e compreender melhor Seu plano para a humanidade. No entanto, a ideia de viajar espiritualmente para outros planetas não é uma prática ou conceito formalmente reconhecido pela Igreja.

Ou seja, na tradição católica não existem viagens espirituais, mas sim EXPERIÊNCIAS MÍSTICAS, nas quais os santos e santas tiveram visões ou experiências sobrenaturais. Esses encontros muitas vezes têm uma dimensão simbólica e são vistos como maneiras pelas quais Deus revela aspectos de Sua vontade ou de Sua presença.

Por exemplo, Santa Teresa de Ávila e São João da Cruz, místicos carmelitas, falam de experiências espirituais profundas que transcendem as limitações do espaço e do tempo. No entanto, essas experiências são interpretadas como visões da realidade espiritual e não como viagens físicas ou literais para outros mundos.

São João Bosco, com a ajuda e proteção de seu anjo da guarda, teve experiências místicas que o levaram a vislumbrar de relance o céu, o inferno e o purgatório, que ele descreveu e está num livro com este título. Vislumbrou de relance, porque estes são lugares nos quais Deus não permite excursão nem acampamento. Leia o livro e comprove: o que o Apóstolo da Juventude viu não era alucinação, tanto que ao terminar a expedição a palma de sua mão tinha queimaduras graves, apenas por ter tocado o portão de acesso ao reino da perdição.

Muitos santos tinham o dom da bilocação: Felipe Neri, Catarina de Ricci, Pedro de Alcântara, Afonso Maria de Ligório, Antônio de Pádua, o brasileiro Frei Galvão e o Padre Pio viajavam para outras cidades e países e voltavam no mesmo instante. Santa Rita de Cássia, após um momento de êxtase, apareceu milagrosamente dentro de um convento. O que impediria que eles fossem visitar outros planetas? Simples.

As bilocações ocorreram para que os santos pudessem fazer A VONTADE DE DEUS em suas vidas, não por mera curiosidade. A intenção em todos os casos era de SALVAR A ALMA de alguém, através do santo. Entenda de uma vez: conhecimento pelo conhecimento não traz nenhum sustento para a alma. O agnosticismo já foi causa de tropeço para muitas pessoas, infelizmente.

A oração, a meditação e os sacramentos são os meios pelos quais os católicos buscam uma união mais profunda com Deus e uma compreensão maior da Sua criação. A grande experiência mística que todo católico deve buscar encontra-se na Eucaristia, pois através do Sublime Sacramento podemos, ao menos por um momento, tocar o plano sobrenatural, o céu (mesmo que no início toque apenas o céu da boca).

"Minha carne é verdadeiramente comida, e meu sangue é verdadeiramente bebida" (João 6, 56). Alguns pagãos eram antropófagos (canibais), já os católicos são cristológicos (eucarísticos). No entanto, atente-se para um detalhe importante: "Portanto, todo aquele que comer o pão ou beber o cálice do Senhor indignamente será culpável do corpo e do sangue do Senhor" (1 Coríntios 11, 27).

Importante: para ter uma excelente experiência com Jesus na Santa Missa, é necessário ter o preparo espiritual (confissão sincera, devoção eucarística), que já começa assim que você decidiu ir para a Igreja naquele dia. Vou dar uma dica importante: pare de acompanhar a missa pelo folheto, não faz sentido você ficar olhando para um pedaço de papel enquanto o céu está se revelando no altar, no momento da consagração.

Como explicar os estigmas de Padre Pio, Santa Rita de Cássia, São Francisco de Assis?

Todos os médicos que verificaram as chagas abertas do Santo de Pietrelcina (por ser o caso mais moderno, a medicina estava bem evoluída à época, capaz de comprovar se era falsificação ou verdade), tiveram que se curvar ao milagre (ou ao menos a incapacidade de encontrar uma explicação para um ferimento que não cicatriza, não infecciona e não mutilou o paciente mesmo tendo durado cinquenta anos).

É possível encontrar explicação para os milagres eucarísticos, como Lanciano, Santarém, Buenos Aires, Tixtla, Sokolka e Legnica? Em todos eles, os mesmos resultados: sangue AB+, DNA humano, glóbulos brancos e vermelhos indicando que a pessoa está viva, tecido de um miocárdio humano, retirado do ventrículo esquerdo de um coração inflamado, com sinais de ter passado por uma angústia suprema.

A explicação científica em todos os casos é de que não há explicação científica. A resposta para este mistério nós encontramos somente no caminho entre o Getsêmani e o Gólgota. "Renuncie a si mesmo, tome a sua cruz e siga-me" (Mateus 16, 21).

Seguir Jesus não é apenas nas condições ideais de temperatura e pressão, mas o verdadeiro cristão está com Cristo no Calvário. Essa experiência mística não tem preço, mas tem um custo muito alto. "Pois viver pra mim é Cristo, morrer pra mim é ganho" (Filipenses 1, 21). Caminho certo para o céu.

Nesse sentido, as experiências místicas podem ser vistas como uma jornada interior em direção a uma maior comunhão com Deus e uma maior compreensão de Seu plano. Essas jornadas são guiadas pela fé e pela prática espiritual, e são vistas como caminhos para a transformação pessoal e espiritual.

Infelizmente existe muita gente fazendo pose de místico apenas para ganho pessoal, dinheiro, fama, status, etc. "Cada árvore é conhecida pelos frutos que produz" (Lucas 6, 44). Os verdadeiros místicos, ao contrário, buscavam a pobreza, o anonimato e até mesmo a humilhação, porque não queriam correr o risco de perder o céu por terem seus egos inflados pela soberba.

As experiências místicas são personalíssimas, muitas vezes é um evento entre a pessoa e Deus, como o milagre do sorriso entre Nossa Senhora e Santa Terezinha do Menino Jesus (o milagre do Sol, na última aparição de Fátima, testemunhado por milhares de pessoas, é exceção). Vou deixar alguns exemplos que aconteceram comigo:

- ao prestar um concurso público, comecei a rezar o terço antes de começar as provas, e mesmo sem ter estudado alguns assuntos, durante a leitura das questões as partes importantes eram automaticamente iluminadas, o que me ajudou muito a ser aprovado;

- na segunda prova deste mesmo concurso, parei o terço no quarto mistério e abri a prova, apenas para descobrir que as palavras estavam todas embaralhadas; fechei a prova, rezei o último mistério e a Salve Rainha; quando abri de novo as letras estavam em ordem, iluminando inclusive as questões para mostrar que seriam nulas;

- quando estava voltando de uma missão, acabei por distração indo para o aeroporto errado. Peguei um táxi e rezei um terço também, explicando que não teria condições de trocar a passagem. Naquele dia o voo atrasou quatro horas, o único voo atrasado do dia, e consegui pegar o embarque na última chamada;

- estava dormindo em casa sozinho no início da manhã quando uma voz me chamou bem alto: "Rogério!", e acordei bem na hora para um compromisso importante;

- em mais de uma oportunidade, dirigindo na chuva à noite, evitei um acidente porque estava com o Rósario nas mãos, rezando mesmo sem muita devoção.

Na verdade estes são milagres pequenos comparados com tudo o que acontece em nossas vidas, como Deus nos deu este maravilhoso dom e tudo o que se relaciona com ele. Como Chesterton já defendeu, as crianças enxergam os milagres porque ainda têm a capacidade de se maravilharem mesmo com a monotonia da vida. *"Pode ser que Ele (Deus) tenha um eterno apetite de infância; pois nós pecamos e envelhecemos, e nosso Pai é mais jovem do que nós. A repetição na Natureza pode não ser uma simples recorrência; ela pode ser um BIS de teatro. O céu pode ter pedido BIS ao passarinho que pôs um ovo.*"

As maravilhas existem, nós é que ficamos áridos de coração e perdemos a capacidade de nos maravilhar. *"Em verdade vos digo que, se não vos converterdes e não vos tornardes como crianças, de modo algum entrareis no reino dos céus."* (Mateus 18, 3). Para um coração de pedra não tem experiência mística que baste, mas para um coração aberto toda a existência é um dom de Deus, uma experiência maravilhosa até ao lavar a louça.

A fé católica oferece um contexto para refletir sobre a relação entre o espiritual e o material, o conhecido e o desconhecido. A visão católica do universo é de uma criação ordenada e guiada por Deus, e as experiências espirituais são entendidas como caminhos para aprofundar a relação com o divino.

A espiritualidade católica convida os crentes a explorar as dimensões mais profundas da realidade através da oração e da meditação, sempre buscando uma maior compreensão do plano divino e da criação.

A maior e mais importante viagem que o ser humano pode alcançar é o encontro pessoal com Deus, a experiência mais sublime para a nossa alma. Essa viagem mística exige muito mais do que conhecimento científico ou mesmo teológico (muitos santos eram analfabetos, mas tinham uma sabedoria de dar inveja a muito professor universitário), ela requer vida de oração, ascese, devoção, sacramentos... enfim, buscar as coisas do alto (Colossenses 3, 1).

Você pode construir uma excelente espaçonave através do seu progresso espiritual, obtido pelo conhecimento de Deus e de si mesmo. Seja você mesmo um foguete para o céu, construído com virtudes e movido pela força do Espírito Santo. Esta é a grande jornada de nossas vidas.

Se Deus permitir, a gente se encontra lá. Boa viagem.

###

Este livro representa a opinião do autor e nada mais; ele não representa a opinião de nenhum governo, organização ou terceiro.

Da mesma forma, ele não contém informação sensível ou confidencial. Sempre jogo pelas regras.

Obrigado pelo seu interesse em ler este livro. Meus sinceros agradecimentos.

Certamente muita gente não vai concordar com ele, como é comum em qualquer discussão ... Portanto, gostaria de saber o seu ponto de vista.

Fique à vontade para enviar sugestões, comentários e opiniões para rogeriocietto@gmail.com, Assunto Eram os Santos Astronautas?. Seu email é muito bem vindo.

Outros livros publicados, disponíveis nas principais livrarias online, em diversos idiomas:

- Armadura do Cristão – Preparação e engajamento no combate espiritual
- Ecolar – Uma visão holística sobre a vida sustentável
- O Leão e o Dragão – um conto fictício sobre economia e política
- Combatendo o bom combate – como lutar contra o terrorismo com uma missão de paz
- O fuzível do fuzil – o terrorismo como marco jurídico para aplicação do Direito Internacional Humanitário

Lamento informar que você não me encontrará no Facebook, Twitter, Orkut ou qualquer outro meio.

Algumas informações sobre mim:

Formação Acadêmica

1998 - 2002 - Graduação em Direito.

Faculdade de Direito de Itu, Faditu, Brasil

2004 - 2005 - Pós-graduação en Direito Tributário.

Faculdade de Direito de Itu, Faditu, Brasil

2008 - 2008 - Pós-graduação em Aplicações Complementares às Ciências Militares - Direito.

Escola de Administração do Exército, EsAEx, Salvador, Brasil

2009 - 2010 - Pós-graduação (Especialização) em Direito Internacional Humanitário

Programa HUMANMED - Université de Nice, France

2011 - 2012 – Qualificação Profissional em Operações de Paz

Peace Operations Training Institute, United States of America

2016 – 2016 – Curso de Aperfeiçoamento Militar em Direito

Escola de Aperfeiçoamento do Exército Brasileiro

2018 – 2019 – Pós-graduação em Direito Militar

Centro Universitário Sul de Minas, Brasil

2020 - 2021 – Master Universitario en DDHH, DIH y Direito Operacional

Universidad Antonio de Nebrija, España
Organizações Militares em que estive:
2008 - Escola de Administração do Exército, Salvador, Brasil
2009 – 8ª Região Militar, Floresta Amazônica, Belém, Brasil
2010 – Companhia de Fronteira Amapá, Oiapoque, Brasil
2011 – Departamento de Engenharia e Construção, Brasília, Brasil
2012 – Batalhão Brasileiro no Haiti, Port-au-Prince, Haiti
2013 – Comando de Operações Especiais, Goiânia, Brasil

www.ingramcontent.com/pod-product-compliance
Lightning Source LLC
LaVergne TN
LVHW091230150826
845673LV00003B/1083

* 9 7 9 8 2 3 0 0 4 4 1 0 9 *